HEYNE BÜCHER

ESOTERISCHES WISSEN

Herausgeber dieser Reihe Michael Görden

Unbekannte Einsichten des Klassikers einer positiven Lebenseinstellung

Prentice Mulford

MEISTERSCHAFT DES LEBENS

Herausgegeben von Hans Christian Meiser

Originalausgabe

WILHELM HEYNE VERLAG
MÜNCHEN

HEYNE ESOTERISCHES WISSEN
08/9590

3. Auflage

Printed in Germany 1994
Umschlaggestaltung: Atelier Adolf Bachmann, Reischach
Umschlagillustration: Elmar Kohn, Landshut
Satz: Kort Satz GmbH, München
Druck und Bindung: Presse-Druck Augsburg

ISBN 3-453-04958-6

Inhalt

Prentice Mulford und seine ›Meisterschaft des Lebens‹

Als einziges Bildnis von Prentice Mulford existiert eine Photographie. Sie zeigt einen gemütlichen, etwas rundlichen Herrn im Alter von vielleicht fünfundvierzig Jahren. Ein mächtiger Schnurrbart verdeckt die Lippen, eine hohe Stirne läßt ahnen, daß es sich hier um einen gewaltigen Denker handeln muß. Entspannt, aber mit hellwachem Blick lehnt sich Mulford auf einem Sessel zurück, neben den leger übereinandergeschlagenen Beinen hält seine Linke einen englischen Bowlerhat.

Das ist er also, der Autor des Welterfolges ›Unfug des Lebens und des Sterbens‹, eines Buches, das seit mehr als hundert Jahren ein Millionenpublikum begeistert. Hat man ihn sich so vorgestellt, diesen ›Gesunddenker‹, diesen Verkünder eines ›Neuen Geistes‹? Dachte man bei der Lektüre seines Werkes nicht vielmehr, wer so etwas schreibe, müsse entweder von hünenhafter Gestalt sein oder aber das Gegenteil, ausgemergelt, kränklich, blaß? Und jetzt, Mulford als wohlsituierter Bürger? Er, der so immense Wahrheiten ausspricht?

Im Falle Mulfords verbirgt sich hinter dem unscheinbaren Äußeren eine ganz besondere Kraft. Er selbst würde sie wohl ›Die Kraft von Oben‹ nennen. Es ist die Kraft, welche ihm jene dreiundsiebzig Aufsätze diktierte, die 1888–1890 unter dem Titel ›Your forces and how to use them‹ in vier Bänden vom New Yorker Verlag Needham als ›White Cross Library‹ herausgegeben wurden und die 1909–1919 als Auswahl unter den Titeln ›Der Unfug des Sterbens‹, ›Der

Unfug des Lebens‹ und ›Das Ende des Unfugs‹ in deutscher Übertragung erschienen (der oben genannte, zusammengesetzte Titel stammt aus einer späteren Zeit). Die Bearbeiterin und Übersetzerin des ›Unfugs‹ war die Mulford innerlich verwandte Schriftstellerin Bertha Eckstein-Diener (1874–1948), die sich selbst Sir Galahad (ein Ritter von König Arthus Tafelrunde) nannte und vor allem mit ihrer ersten Kulturgeschichte der Frau, ›Mütter und Amazonen‹ (1932), ein frühfeministisches Standardwerk schuf. Mulfords Bücher übersetzt sie zwischen ihrem dreißigsten und vierzigsten Lebensjahr, jener Zeitspanne also, in der auch für den heutigen Leser die Gedankenwelt des amerikanischen Sonderlings noch fruchtbar werden kann, vor allem, wenn man enttäuscht von dem durch Schule, Studium oder Leben Vermittelten einen neuen Geistesinhalt sucht. Bei Prentice Mulford ist er zu finden und – vorausgesetzt man verinnerlicht ihn – wird er einen bis zu seinem Lebensende nicht mehr loslassen. Wie aber ist solches Gedankengut in Mulford selbst entstanden? Eine Universität hat er nicht besucht, soviel wissen wir, und dennoch gibt es in seinem Werk Parallelstellen zu den frühgriechischen Denkern, zu den Philosophen des deutschen Idealismus – vor allem hinsichtlich des voluntaristischen Systems – und zur Lebensphilosophie französischer und deutscher Prägung. Auch belesen scheint er nicht sonderlich gewesen zu sein, so daß man unweigerlich annehmen muß, das Leben selbst sei Mulfords großer Lehrmeister gewesen. Nichts in seinem Werk stammt daher aus zweiter Hand, alles ist originär und: in höchstem Maße originell.

Mulford ist ein ursprünglicher Lebensphilosoph, einer der weiß, wovon er spricht, einer, der am eigenen Leib und an der eigenen Seele erfährt und nichts aus verstaubten Konvoluten und Folianten dunkler Bibliotheken schöpft.

Am 5. April 1834 wird er in Sag Harbour auf Long Island im Staat New York geboren. Sein Berufsleben beginnt er als Seemann, Schiffskoch, Walfischfänger und Goldgräber. Nirgendwo ist er sonderlich erfolgreich und plötzlich, als Neunundzwanzigjähriger, entdeckt er seine Liebe zur Feder. Der ›Union Democrat‹, eine Zeitschrift, die in Sonora, Tuolumne Country, Kalifornien erscheint, veröffentlicht einen humoristischen Artikel, den Mulford unter dem Pseudonym ›Dogberry‹ (eine Gestalt aus Shakespeares Drama ›Viel Lärm um nichts‹) eingereicht hat. 1866 schreibt er in San Francisco für die ›Golden Era‹ und den ›Dramatic Chronicle‹. Zwei Jahre später ist er Herausgeber der ›Stockton Gazette‹. Max Hayek, der Übersetzer der hier vorliegenden Auswahl Mulfordscher Essays schreibt:

»Er erwirbt in all den Jahren keine Reichtümer. Als Mitarbeiter des ›Democrat‹ verdient er 75 Cents oder noch weniger im Tage und besitzt, nach seinem Bericht, lediglich eine alte Flinte, einen Sattel, ein paar wollene Decken und sehr anspruchslose Kleider. Aber er ist ein Ritter von Geist, der nur die Feder in die Hand zu nehmen braucht, um in sich einen Krösus zu fühlen. Mulford, scheu und schüchtern, unterschätzt sich, hält sich für einen moralischen Feigling und betrachtet die Feder als sein Zepter, das Papier als sein Reich.

Er ist sehr sensitiv, starke Willensströme anderer hält er nicht aus. – Um 1872 bereist er, ein kalifornischer Propagator, über Auftrag heimatlicher Kaufleute, Englands Städte und Städtchen, besucht ein Jahr später, Korrespondent des ›San Francisco Bulletin‹, die Wiener Weltausstellung, und als er wieder amerikanischen Boden betritt, besitzt er neun Dollars und eine Frau. Er ist neuerdings freier Journalist, auch predigt er einmal von einer unitarischen Kanzel herab. Sein Geldbesitz ist sehr gering, um seine Gesundheit ist's arg bestellt. Die Entsendung zur Hundertjahr-Ausstellung nach Philadelphia ist ihm eine Rettung. Und als er dann dem Mitarbeiterstab des Neuyorker ›Graphic‹ beitritt, ist er, um den harten Preis sechs mühseliger, in journalistischer Schwerarbeit verbrachter Jahre, vor materiellem Elend halbwegs geschützt. Er schreibt für jede Ausgabe des ›Graphic‹ die

Spalte ›Geschichte eines Tages‹ – dann hat er genug. Er ist mit seiner Gesundheit am Ende. Mit geringer Habe wandert er in die Wildnis hinaus – in den Sumpf von New Jersey. Dort baut er sich, ein wenig geschickter Baumeister, mit eigenen Händen eine Blockhütte.«

Vierzig Jahre nach Henry David Thoreau, der sich an einem See in der Nähe von Concord, Massachusetts, ein Waldhaus zimmerte und darüber in seinem zum Kultbuch gewordenen Werk ›Walden oder Leben in den Wäldern‹ Zeugnis ablegte, unternimmt Mulford dasselbe Wagnis. Vierzig Dollar kostet ihn die Errichtung der Holzhütte in dem unwirtlichen Sumpf. Hier aber, endlich, beginnt er sein Lebenswerk zu verfassen, jene dreiundsiebzig Essays ›Your forces and how to use them‹. In der selbsterwählten Einsamkeit fließen ihm die Gedanken, die ihn später so berühmt machen sollten, wie von selbst zu. Man kann sie Offenbarungen des Geistes nennen, wie sie sich einem schöpferischen Menschen nur in der Einsamkeit und durch das Einsamsein enthüllen können. Sichtlich wächst nur dort das, was einer in sich trägt; und es nimmt Gestalt an. Das Alleinsein kann einen befähigen, aus einer gewissermaßen selbstentrückten Schau die Dinge der Welt zu durchdringen und zu beurteilen. Die meisten und besten großen Dichter und Denker haben sich nicht umsonst bewußt auf den Kampf mit der Einsamkeit eingelassen. Wer mit ihr vertraut ist, braucht den horror vacui nicht mehr zu fürchten.

Für sein im Sumpf entstandenes Œuvre sucht Mulford zunächst keinen Verleger. Er versendet jeden Aufsatz als Heft gebunden an Freunde und Bekannte. Bald jedoch nimmt sich ein Verlag des Gedankenguts an, und es entstehen die ersten tausend Exemplare, die Mulford freilich selbst bezahlen muß. Drei Jahre später, 1889, aber schreibt er: »Wir werden nun in allen Weltteilen gelesen. Wir haben Hunderte von Briefen empfangen, worin uns die Menschen, die sich zu den von uns verkündeten Prinzipien bekennen, Dank für die Hilfe sagen, die ihnen zu gewähren unser glücklicher Beruf ist.« Mulfords Beruf ist aber auch seine Berufung. Diese erlischt, als er am 27. Mai 1891 auf seinem Segelboot ›White Cross‹ nach Sag Harbour fährt, dem Ort seiner Geburt. Es wird berichtet, man habe ihn tot in seinem Boot vor Long Island gefunden, in Decken gehüllt, mit friedlichen Gesichtszügen, scheinbar schlafend. Sein Lebenskreis hatte sich geschlossen. Seine Pilgerfahrt war zu Ende.

Prentice Mulford gehört in die Reihe jener großen amerikanischen Dichterphilosophen, die schon damals den noch heute wirksamen Geist der Unbekümmertheit verkündeten: Henry David Thoreau (1817–1862), Ralph Waldo Emerson (1803–1882) und Walt Whitman (1819–1892). Mulford ist aber auch Zeitgenosse Friedrich Nietzsches (1844–1900). Doch während sich in Europa gerade das Zeitalter der Dekadenz breitgemacht hat, befindet sich Amerika im Aufbruch. 1865, als Mulford einunddreißig ist und seine ersten journalistischen Übungen unternimmt, stirbt Abraham Lincoln, zwei Jahre zuvor war der Sezessionskrieg beendet worden, zwei Jahrzehnte später verfaßt Mulford seine Essays. Es ist eigenartig und bewundernswert, wie aktuell seine Gedanken heute noch sind. Zwar wurde Mulford von der Neugeistvereinigung, einer Splittergruppe der Theosophischen Gesellschaft, die sich 1894 organisierte, in Anspruch genommen (vgl. K.O. Schmidt, ›Richtig denken – Richtig leben – In Schönheit sterben‹, Inspirationen von Prentice Mulford, Pfullingen 1926), doch Mulford selbst wäre wohl kaum glücklich gewesen, von welcher Vereinigung auch immer zitiert zu werden. Als Individualisten ist ihm jede Form der Gruppenbildung fremd. Sein Geist nährt sich aus der ›Höchsten Macht‹, deren Kräfte und Gesetze er für sich nutzbar macht.

Wovon spricht Mulford, was lebt er, weshalb ist er heute nicht weniger aktuell als vor einem Jahrhundert? Er spricht Urgedanken aus und er lebt sie. Er schöpft aus einem Menschheits-Urwissen, das durch Sublimation und industrielle Revolution verlorengegangen scheint. Mulford sagt und lebt die einfachsten Wahrheiten, jene Lebensgründe, nach denen sich jeder sehnt, doch die kaum einer in Leben zu wandeln sich zutraut. Jeder Gedanke, schreibt Mulford, den wir denken, ist eine Wirklichkeit. Daraus folgt, daß jeder schlechte Gedanke unweigerlich eine schlechte Wirklichkeit erzeugt. Nun ist Geist jeder Art ansteckend. Wer also ausschließlich positiv denkt, bringt nichts als Positives in die Welt – und dieses wird weitergetragen, da die menschliche Natur zum Guten hin ausbaufähig ist. Ein Gedanke, der kaum einer Religion fremd ist. Die ethische Forderung, sich zu vervollkommnen, ist aber durchwegs nicht alleine eine religiöse Angelegenheit. Mulford verwendet sie für alle Gebiete des Lebens – vom Binden der Schnürsenkel bis zum richtigen Gebrauch innerer und äußerer Kräfte. Es sind hier vor allem die Detailbeobachtungen, die Prentice Mulford so originell erscheinen lassen. Er sieht die Dinge hinter den Dingen, bleibt jedoch nicht bei ihnen stehen, sondern entwickelt aus ihnen eine übergeordnete Philosophie, da er erkannt hat, daß das Ganze schon im Kleinen verborgen ist. »Der Himmel wird aus dem Tag der kleinen Dinge geboren«, sagt er. Mulford selbst glaubt an die unermeßliche Kraft des Geistes, die sich in allem, was uns umgibt und woraus wir sind, manifestiert – eine deutliche Absage an den Materialismus gleich welcher Prägung – denn auch Materie ist ursprünglich Geist.

Mulfords praktische Philosophie ist als geistdurchdrungener Zukunftsoptimismus manchem wissenschaftlichen Philosophen ein Greuel. Nur darf man sich getrost fragen, wer das ›Sein‹ und das ›Wesen‹ besser zu deuten vermag, der Gelehrte, der aus einem Stapel vergilbter Bücher zum Firmament blickt, wo er das Absolute vermutet, oder der ›Sumpf-Diogenes‹ Mulford, der Künder eines kosmischen Menschheitsfrühlings.

Hans Christian Meiser

Der Gott in dir

Es ist heute mehr von dir und jeder wünschenswerten mentalen Kraft für dich da als je zuvor. Die Unbefriedigtheit und der Mißmut über deine Unfertigkeit beweisen das. Du bist heute nicht mehr der selbstgefällige Mensch, der du einst warst. Du schlägst heute ins Gegenteil über. Weil dir die Augen über gewisse Unzulänglichkeiten plötzlich geöffnet wurden, wähnst du, diese Unzulänglichkeiten werden sich nur noch verschlimmern. Beruhige dich: sie werden es nicht! Der Gott in dir, die ewig zunehmende Kraft in dir, ließ dich eine Unvollkommenheit deines Wesens erkennen. Aber diese Unvollkommenheit war niemals so nahe daran, eine Vollkommenheit zu werden wie heute. Der größte Beweis dafür ist, daß du heute in dir erschauen und fühlen kannst, was du nie vorher zu fühlen oder zu erschauen vermochtest.

Das Kellergeschoß deines Hauses war voll Ungeziefer und schlechter Luft. Es stand am schlimmsten um dich, als du nichts davon wußtest. Aber nun, da du es weißt, ist die Gefahr so gut wie vorüber. Du läßt jenes Gelaß reinigen.

Solche Kellergelasse voll üblen Elements gibt es auch in unserem Geistesgebäude. Aber wir müssen darum nicht entmutigt sein: der Gott in uns wird sie uns zeigen.

Wir dürfen nicht sagen; »Ach, ich bin ein so unvollkommenes Geschöpf, ich kann ja meine Fehler niemals loswerden!« Du kannst es, Lieber, kannst es! Du bist gerade dabei, es zu können. Jeder Protest deines Ichs gegen Mängel und Unzulänglichkeiten reißt den Geist vorwärts. Nur darfst du nicht erwarten, sie alle in einer Stunde, einem Tag, einer

Woche oder einem Jahr loszuwerden. Es wird in allen deinen künftigen Leben niemals eine Zeit geben, in der es dir nicht möglich sein wird, dich besser zu machen. Siehst du aber die Möglichkeit der Verbesserung, dann wirst du auch den Mangel erkennen, der behoben werden muß. Anders gesagt: du erschaust für dich eine noch höhere Vervollkommnung und Vollendung, eine immer vielfältigere Segnung aus der Kraft, die dir zuströmt. So wirst du auch aufhören, dich als das unvollkommene Geschöpf zu bemitleiden. Denn du bist einer der ›Tempel Gottes‹ ewig aufgebaut aus dir zu immer höherer Herrlichkeit.

Keines deiner Talente hörte je zu wachsen auf – so wenig der Baum im Winter zu wachsen aufhört. (Wenn du Maler, Zeichner, Schauspieler oder öffentlicher Redner bist: setze deine Tätigkeit einen Monat, setze ein Jahr, zwei Jahre aus – und du erkennst, wie deine Talente inzwischen zugenommen haben!)

Du fragst: Was ist das Ziel des Lebens?

Nun, du kannst deinem Leben eigentlich gar kein Ziel geben. Es gibt ein Schicksal, das dem Leben das Ziel setzt, ein Gesetz, das es beherrscht und trägt.

Wohin?

Unbegrenzbarer Kraft, dem Glück und Genuß entgegen! Diese Kraft wächst, wie deine Kraft wächst. Und sie muß wachsen! Du kannst dieses Wachstum nicht hemmen – wie sehr auch der Anschein dagegen sprechen mag. Der Schmerz, den du durchlittest, wurde durch dieses Wachstum hervorgerufen, das dich härter und härter dem entgegenpreßte, was dir Elend schuf, damit der Schmerz dir endlich als Beweis diene, wie falsch deine Straße war und wie schnell du sie zu verlassen hättest. Und wenn du aufrichtig und ernsthaft nach dem rechten Weg verlangst, wird immer etwas zu dir kommen, um dir den rechten Weg zu sagen. Denn es ist ein Gesetz der Natur: Jedem ernsten Ruf wird Antwort.

Was also ist der Sinn des Lebens?

Höchste Seligkeit aus ihm zu empfangen. So leben zu lernen, daß jedem kommenden Tag mit der Gewißheit entgegengesehen werden kann, er werde so reich an Freude sein wie der eben gelebte – und reicher noch! Den Gedanken an das Gewicht der Zeit wegzutun. (Wie soll Erinnerung an Zeit uns beschweren!) Dankbar zu sein dafür, daß wir leben dürfen. Krankheit und Schmerz zu überwinden. Dem Körper durch Geisteskraft so zu gebieten, daß er Schmerz nicht fühlen kann. Unser Denken so zu überwachen und zu beherrschen, daß es immer an Vermögen zunehme, abgesondert und fern vom Körper zu wirken und uns so alles zuzubringen, dessen wir bedürfen: Haus, Grund, Nahrung, Kleidung. Und alles das, ohne wen zu berauben, ohne jemand unrecht zu tun. So sehr an Kraft zuzunehmen, daß der Geist unsern Körper stetig erneut, mit immer neuer Kraft erfüllt und verjüngt – solange wir uns seiner zu bedienen wünschen. Keines seiner Teile oder Organe soll schwächer werden, welken, verfallen. – Neue Quellen der Freude für uns und andre zu erfahren. Uns mit Glück so sehr zu erfüllen und es andern so sehr nutzbar zu machen, daß ihnen unsre Gegenwart immer willkommen ist. Niemandes Feind und jedermanns Freund zu sein, das ist der Sinn des Lebens in der Sphäre des Seins, darin Menschen, so lebendig wie wir, gelernt haben und noch lernen, am meisten Himmel auf Erden zu empfangen.

Das ist das unvermeidliche Geschick jedes einzelnen von uns. Du kannst dem endlichen und dauernden Glück in diesem und anderm Leben nicht entgehen. Und alle Leiden, die du leidest oder durchlitten hast, sind wie Stichel und Stachelpflöcke, um dich vom falschen Weg abzubringen und dich das Gesetz befolgen zu heißen. Und je empfindlicher du wirst, desto deutlicher wirst du das Gesetz erkennen, das von allem Schmerz hinwegführt und einen Zustand des Gemütes schafft, darin zu leben ein solches Höchstgefühl ist, daß jeglicher Sinn für Zeit sich verliert. Denn wir verlieren den Sinn für Zeit, wenn uns etwas mächtig bannt oder erfreut, wenn wir ein erschütterndes Schauspiel sehen. Die Bibel spricht davon mit den Worten: »Ein Tag wird sein wie tausend Jahre und tausend Jahre wie ein Tag.« Das Nirwana der Hindus deutet auf alle Möglichkeiten des Lebens hin, die unseres Planeten harren. Nirwana, das ist Ruhe und Heiterkeit, ist Zuversicht der zweifellosen Gewißheit: alles, was ich tue, muß gelingen. Das Glück dieses Tages ist nur die Stufe zum höheren Glück des nächsten.

Halte nichts für unmöglich! Weise nie etwas mit Spott als unmöglich zurück – und wenn es dir noch so toll erschiene! Denn du weißt nicht, was du damit vor die Tür setzest! Zu sagen, etwas sei unmöglich, weil es unmöglich *scheint*, heißt sich in der gefährlichen Gewohnheit üben, jeder neuen Idee ein ›Unmöglich!‹ entgegenzurufen. Dein Geist gleicht dann einem Gefängnis voll Gittertüren, die dich nach außen gänzlich absperren – und du allein bist der Gefangene. »Bei Gott sind alle Dinge möglich!« Gott wirkt in dir und durch dich. Und darum ist es Sünde, wenn du zu etwas, das du tun oder werden sollst, ›unmöglich!‹ sagst. Das heißt die Kraft Gottes, die in dir wirkt, verleugnen! Das heißt die Kraft des unendlichen Geistes verleugnen, der durch dich mehr schaffen will, als du jetzt zu begreifen imstande bist. Dein ›Unmöglich!‹ stellt die relative Beschränktheit deines Geistes als Maß des Weltgeistes auf. Das ist so kühn wie der Versuch des Schneiders, den endlosen Raum mit der Elle auszumessen.

Dein ›Unmöglich!‹ oder ›Ich kann nicht!‹ schaffen sogleich eine Unmöglichkeit. Solche Gedanken sind die größte Hemmung des Möglichen. Du kannst es zwar nicht aufhalten, denn du wirst vorwärtsgestoßen, und wenn du mit allen deinen Kräften zurückbleiben willst. Denn es gibt keinen erfolgreichen Widerstand gegen die ewige und stete Verbesserung alles Geschaffenen, dich eingeschlossen.

Du sollst aber besser sagen: »Es ist mir möglich, alles zu werden, was ich bewundere.« Du sollst sagen: »Es ist mir möglich, Schriftsteller, Redner, Schauspieler, Künstler zu werden.« Dann hast du die Pforte zum Tempel der Kunst geöffnet, der in dir ist. Solange du ›unmöglich‹ sagtest, hieltest du sie verschlossen. Dein ›Ich kann nicht!‹ war der eherne Riegel, der die Pforte für dich verschloß. Dein ›Ich kann!‹ ist die Kraft, die den Riegel fortschiebt.

Der Geist Christi hatte Gewalt, den Elementen zu gebieten und den Sturm zu stillen. Dein Geist ist ein Teil des Weltgeistes und birgt im Keim, der wächst und wachsen wird, die gleiche Gewalt. Durch die vereinigte Kraft des unsichtbaren Elements seines Geistes vermochte Christus das Unsichtbare in Sichtbares zu verwandeln – in Brotlaibe und Fische. Das ist die Kraft, die jedem Geist innewohnt, und jeder Geist wächst zu solcher Kraft hinan.

Du siehst heute ein gesundes Kindchen. Es kann kein Pfund heben. Aber du weißt, daß in diesem schwachen Kindchen die Kräfte und Möglichkeiten sind, die es, zwanzig Jahre später, dazu befähigen, mit Leichtigkeit zweihundert Pfund zu heben.

So auch kann uns die höhere spirituale Kraft zugesprochen werden. Denn wir sind heute geistig eigentlich noch immer Kindchen. Der Grund, warum das Leben in der Sphäre unseres Seins so unglücklich ist, liegt darin, daß wir in Unkenntnis des Gesetzes dagegen verstoßen und so statt zu Freuden zu Schmerzen gelangen.

Dieses Gesetz kann durch nichts, was in der Vergangenheit geschrieben oder erlebt wurde, völlig erlernt werden – wie wertvoll und beispielhaft es auch sei. Aufzeichnungen und Hinweise mögen ja sehr nützlich sein, aber so wie es Prinzipe gibt, die für alle gelten, so gibt es welche, die nur für den einzelnen Gesetz sein können. Du kannst nicht genau tun, was ich tue, um glücklicher zu sein und dich zu vollenden, noch kann, umgekehrt, ich es. Denn jeder von uns wurde aus anderem Stoff gemacht, und wir müssen jeder selbst studieren und herausfinden, wonach unsre besondere Natur verlangt, um dauernd glücklich zu sein. Du bist wie ein Buch, das du öffnen und Seite für Seite und Kapitel für Kapitel lesen mußt als Erfahrungen deiner Tage, Wochen, Monate, Jahre. Niemand kann genau so denken, wie du denkst, oder fühlen, wie du fühlst, oder von andern Menschen berührt werden, wie du von ihnen berührt wirst. Und darum kann auch niemand besser als du selbst beurteilen, was dir wirklich nötig ist, um dein Leben reicher, vollkommener und glücklicher zu machen.

Christus bat einst einen seiner Jünger, ihn nicht anzubeten. »Was heißest du mich gut?« sagte er ihm. »Niemand ist gut denn Gott allein!« Christus sagte auch: »Ich bin der Weg und das Leben!« Diese Worte bedeuten für mich, daß er gewisse allgemeine Gesetze kannte, über die er, als vom Geiste geführt, gewisse Mitteilungen machen konnte. Aber Christus hat niemals gefordert, daß sein individuelles Leben mit all seinen menschlichen Schwächen und Gebrechen, das er ›auf sich genommen‹ hatte, getreulich nachgeahmt werden möge. Er betete zum unendlichen Geist des Guten um Stärkung und Befreiung von der Sünde der Furcht, als sein Geist in der Vorschau der Kreuzigung erbebte. Als er so tat, bekannte er, daß er, so mächtig er war, dennoch der Hilfe bedürfe wie jeder andre Geist. Und weil er dies wußte, vermied er es, sich seinen Jüngern als Gott hinzustellen. Wohl aber sagte er ihnen, sie mögen, wenn sie sich vor der allmächtigen und niebegreiflichen Kraft zu beugen begehren, auf der auf des Menschen Gebet alles Gute herniederströmt, Gott allein anbeten, Gott, die ewige und unergründliche bewegende Kraft dieses grenzenlosen Universums. Die Kraft, die kein Mensch je sah, noch jemals sehen wird, es sei denn, er sähe sie in ihren mannigfachen Offenbarungen als Sonne, Stern, Wind, Wolke, Tier, Blume, Mensch. Oder im Menschen als den künftigen Engel oder Erzengel, ja als ein Wesen, höher an Geist und höher noch an Kraft, als diese sind. Und immer und immer noch zu dem Quell aufblikkend, aus dem alle Kraft herniederströmt, und nie und nimmer eine Form solcher Offenbarung der Kraft anbetend, sondern ›das Geschöpf größer machend als den Schöpfer‹.

Der Gott Wunsch ist im letzten Trunkenbold am Werke, der in den Rinnstein kollert. Er wünscht den Mann aus dem Rinnstein heraus. Er ist im feinsten Lügner am Werk und flüstert ihm, wenn auch noch so leise, zu: Wahrheit ist besser. Er ist in Menschen am Werke, die dir verächtlich und schlimm erscheinen. Als Christus gefragt wurde, wie oft einem Menschen zu vergeben sei, antwortete er in einem Sinne, der besagte, es gäbe keine Grenze dafür, wie oft ein Mensch dem anderen Schwäche und Unreife zu vergeben hätte.

So sollte auch unser freundliches und helfendes Denken mit jenen sein, die schwach oder unreif sind. Es ist ein großer, oft unbewußt getaner Fehler, von einem Trinker oder Gesunkenen zu denken oder zu sagen: »Ah, der Kerl ist ja ganz heruntergekommen! Es hat gar keinen Zweck mehr, noch etwas für ihn zu tun!« Wenn wir dies denken oder sagen, setzen wir einen Gedanken der Hoffnungslosigkeit und Entmutigung in die Luft. Dieser Gedanke trifft den Menschen. Er wird ihn fühlen und er wird ihm ein Element sein, der den Prozeß, aus der Pfütze herauszugelangen, für ihn verzögert – so wie irgendeines Menschen Gedanken uns unsre eigene Bemühung erschwerte, aus einer Pfütze, in der wir staken oder stecken, herauszukommen: aus der Pfütze der Unentschlossenheit, der Verzagtheit, der Mißlaune, des neidischen, haßvollen Denkens.

Die Zeit ist herbeigekommen, da unser Geschlecht das Gesetz nicht mehr aus Furcht vor Strafe achtet, sondern aus Liebe zum Gesetz. Du ißt mäßig, weil Erfahrung dich lehrte, Mäßigkeit bereite die höhere Freude. Du bist edel, gütig und aufmerksam gegen deinen Freund, nicht, weil du stetig fürchtest, diesen Freund zu verlieren, wenn du es nicht mehr gegen ihn bist, sondern weil es dir Freude gibt, so zu sein, weil du Handlungen der Güte liebst.

Das menschliche Gesetz und selbst das göttliche Gesetz, wie es bisher vom menschlichen Verstande ausgelegt wurde, hat in aller Vergangenheit immer gesagt: »Du darfst dies und das nicht tun, sonst wirst du gepeitscht werden!« Des Predigers Worte waren immer wieder: Strafe und Züchtigung, Züchtigung und Strafe!

Wir werden an alle Strafe und Züchtigung vergessen. Wir werden gütiger sein, wir werden ein geläuterter und verfeinerter Typus sein. Die Freude wird uns emporführen.

Drohung mit Strafe war nötig, als wir noch tiefer standen. Wir waren ja blind. Wir liefen in Stachelpflöcke hinein! Das tat weh. Aber fortan werden wir sehen.

Wer zu einem Feste will, den muß niemand mit dem Knüttel erst dazu treiben.

Die Befehle Gottes

Das Leben ist eine endlose Wissenschaft, und es gibt keine Höhe in ihm, auf der wir sagen können: wir sind vollendet. Was wir heute zu begreifen und zu verstehen vermeinen, wird morgen für unseren reiferen, helleren Geist – und wir werden immer heller und reifer! – eine neue Bedeutung gewinnen und in der Zukunft eine neue und immer neuere Auslegung finden. Was uns heute schlecht tut, kann uns morgen gut tun; und umgekehrt. Das hängt davon ab, wie weit wir gelernt haben, ein Ding zu gebrauchen. In den Händen eines Knaben ist Schießpulver gefährlich. Es ist weniger gefährlich, wenn sich ein Mann seiner bedient, der weiß, wie man sprengt.

Ein Wort, mit dem wir heute einen ganz bestimmten Begriff verbinden, kann morgen einen völlig neuen Sinn bekommen. Ideen lassen sich nicht einfach durch den Klang gewisser Buchstaben und Silben ausdrücken. So wie unser Geistesblick schärfer und heller wird, gewinnt jedes Wort der Sprache für uns neue Bedeutung. Und diese Bedeutungen werden in keinem Wörterbuche zu finden sein. Denn es gibt eine Sprache der Ideen, die durch Worte niemals völlig offenbar wird und an die kein Wörterbuch heranreicht.

Wenn der Mensch bewußt als ein Teil des Unendlichen auf dieser Erde lebt, als der Teil des Unendlichen, der er ist, dann ist es für ihn unmöglich, sich dem Unendlichen im Bettlerton oder als unterwürfiger Bittsteller zu nähern. Als ein Teil des unendlichen Ganzen, des Kosmos, *darf* er sein Teil erbitten. Gewiß, er, der Teil, kann der Kraft, die anfang- und endlos, und über allen menschlichen Begriff erhaben ist, nicht *befehlen*. Aber um mehr und immer mehr vom ›Gott in uns‹ zu empfangen, um ein größerer und wachsender Teil des Allerhöchsten zu werden, um die wahre Erkenntnis aller Dinge um uns herum zu erlangen, dazu ist nötig, daß wir stetig verlangen, daß wir fordern.

Jeder Satz im ›Vaterunser‹ ist durch ein Verlangen, ein Fordern, eine gebieterische Bitte gekennzeichnet. »Dein Reich komme!« »Gib uns unser täglich Brot!« »Führe uns nicht in Versuchung!« Alle diese Sätze haben befehlende Form. Es ist nicht der Ton unterwürfiger Bitte – sie stimmen eher mit der Festigkeit des christlichen Gebots überein: »Bittet, so wird euch gegeben; klopfet an, so wird euch aufgetan!« Die Worte Christi: »Dein Wille geschehe, wie im Himmel so auch auf Erden!« erbitten es vom Unendlichen nicht als besondere Begünstigung, daß seine Absichten und Pläne verwirklicht werden mögen. Sie sind vielmehr ein ernstes Verlangen, ein Fordern aus einer Kraft und Weisheit, die Christus unendlich höher wußte als seine eigene Kraft und Weisheit.

Wenn eine Seele im Tiefsten erweckt ist und ausruft: »Was soll ich also tun, um das Heil zu erlangen?«, dann hat diese Frage die Fesseln der unterwürfigen Bitte schon hinter sich geworfen. Sie ist zum ernsten Verlangen geworden Die Seele fordert. Und das ist der Geist, den die erhabenste Kraft von uns verlangt, ehe sie uns geben kann, was sie uns zu geben willens ist und wovon sie weiß, daß wir es am nötigsten brauchen. Wenn du jemandem etwas wahrhaft Gutes zu erweisen gesonnen bist, willst du, daß er den Wert dessen, was du ihm zubestimmst, schätze und das Gute, das ihm aus der Gabe fließen soll, recht empfinde. An ihm ist es also, nach solcher Gunst ernsthaft zu verlangen. Es muß ihm aus edlem Wollen etwas daran liegen, sie zu erlangen.

So fordert der Unendliche von uns das ernsthafte Verlangen nach dem Guten, das er uns erweisen will. Und es ist nicht Mangel an Ehrfurcht, wenn wir jeder sagen: »Ich bin ein Teil des Alls und gehöre zum All, und Weltseele ist auch in mir. Ich verlange deshalb aus dem unerschöpflichen All alle Kraft und Weisheit, die ich in dieser Stunde aufnehmen und nutzen kann. Ich verlange nach noch höheren und gottähnlicheren Eigenschaften, denn im Maße, wie Gott den Teil von sich, der ich bin, besser und glücklicher macht, kann ich, dieser begrenzte, aber stetig wachsende Teil, seine Herrlichkeit offenbaren. Ich muß auswirken und offenbaren, was immer ich vom Unendlichen bin.«

Im Worte ›muß‹ liegt keine unterwürfige Bitte.

Als Christus damals in Worten eine Geisteskraft verlebendigte, die das ›Wunder‹ vollbrachte, tat er es gleichsam im Geiste des Befehles. »Jüngling, ich sage dir, stehe auf!« sagte er zu dem Toten von Nain. Und bei Matthäus heißt es: »Und er stand auf und bedrohte den Wind und das Meer: da ward es ganz stille.« Zeitalter vor Christi schon vermochte das gebieterische Fordern einzelner Ereignisse zu schaffen, die den Gesetzen der Natur scheinbar widersprachen. So gebot Moses den Wassern des Roten Meeres, sich zu teilen und die Kinder Israels trockenen Fußes hindurchzulassen. Er schlug auf den Felsen und gebot dem Wasser, herauszufließen. Josua befahl der Sonne: »Sonne, steh still über Gibeon!« Lies die Geschichte all dieser Taten und du wirst finden, daß sie aus dem gebieterischen oder inbrünstig fordernden Geist des Menschen heraus ursächlich bewirkt wurden. Ich sage: »durch den Geist« – denn das ›Wunder‹ vollbringt nicht der Mensch: es ist der Geist und die Kraft des Allerhöchsten, die durch den Menschen wirken wie der Dampf auf die Maschine. Nicht die Lokomotive schleppt den Zug, sondern die Kraft des Dampfes.

Wir stehen in einer einigermaßen ähnlichen Beziehung zum Weltgeiste. Wenn wir Kraft von ihm verlangen, wird sie uns zuströmen und Werke durch uns tun. Ein Gedanke hat genau so viel Wirkungskraft wie Verlangen in ihn gelegt wurde. Die Kraft des Allerhöchsten ist es, die sich der Kraft unseres Verlangens bedient – nicht wir. Und je mehr Wahrheit in einem Gedanken lebendig ist, desto mehr ›Gott‹ ist in ihm. Und je mehr Verlangen in ihm lebendig ist, desto mehr vollbringt er in seiner Auswirkung durch den Menschen. Die Eingebung, die große Dinge findet oder schafft, das, was wir Genie nennen, strömt aus der Kraft des Verlangens. Es ist ein gebieterischer Geist, eine gebieterische Kraft, ein Befehl gleichsam, der dann an den Menschen ergeht und ihm unentrinnbar auferlegt, zu schreiben, zu erfinden oder etwas zu vollbringen, was nie zuvor vollbracht wurde.

Solche Gedanken oder Kräfte wirkten auf Shakespeare und zwangen ihn, zu schreiben, Ideen in sinnfälliger Form auszusprechen. Er war nicht der Schöpfer dieser Ideen, noch wußte er zu sagen, wer ihr Schöpfer sei. Sie kamen fertig zu ihm, begehrten Einlaß und wollten in Worten ausgesprochen sein. Und Shakespeare würde sich elend gefühlt haben, hätte er sich versagen müssen, sie niederzuschreiben. Shakespeares Werke kamen aus der gleichen Kraft, die alle Wunder vollbrachte, die alten wie die neuen; es war die Kraft einer Idee, die auf den Menschen einwirkte und von ihm in irgendeiner sinnfälligen Form ausgesprochen zu sein verlangte. Solche Ideen geben dem Menschen nicht eher Ruhe, als bis er beginnt, sie auszuwirken. Sie zwangen Watt und Fulton zur Erkenntnis und Anwendung der Dampfkraft. Sie zwangen Franklin, Morse, Edison und andere, die Wunder wahrzumachen, die in der Elektrizität unsichtbarsichtbar ruhten. Sie haben jedem Erfinder, Entdecker, Dichter, Schriftsteller und Künstler Eingebungen und Werke aufgedrängt, die Wunder sind wie jene, von denen uns das Alte und Neue Testament erzählen. Es sind die Befehle des unbegrenzbaren Geistes an die begrenzte Erkenntnis des Menschen. Doch diese Befehle ergehen erst an uns, wenn unser Geist nach ihnen verlangt.

Es strömt heute eine mächtigere Geisteskraft unserem Planeten zu als je zuvor. Sie ist ihrer Natur nach ebenso gebieterisch wie verlangend. Sie wird dem Menschen ein neues Leben offenbaren, eine neue Bedeutung des Lebens und eine neue und bessere Art zu leben. Sie wird sehr viel von dem abschaffen, was uns heute zu Behagen und Annehmlichkeit unentbehrlich erscheint; denn sie wird uns Besseres lehren. Immer gewaltigere Dinge werden durch uns getan werden, je mehr wir die Fähigkeit zum Empfangen in uns steigern. Bewahren wir dies im Geiste! Wir werden dadurch gleichsam zu Kanälen der Kraft Gottes, die immer mächtiger durch uns sich offenbaren wird.

Ein großes, schweigendes Verlangen strömt heute aus Millionen Herzen. Diese Herzen sprechen im Schweigen: »Unsere Religion befriedigt uns nicht. Sie heilt die Kranken nicht. Sie gibt uns keine gesunden Körper. Wir wissen nichts Sicheres über unser künftiges Sein. Sie offenbart nichts Neues. Während der Predigt des Wortes geschehen keine Zeichen und Wunder. Unsere Freunde sterben einer nach dem andern. Das Grab schließt sich über ihnen, und wenn wir nach ihnen fragen, erhalten wir nur die althergebrachten, immergleichen Allgemeinheiten zur Antwort.« – Dieses große, schweigende Verlangen entströmt Tausenden bei Tag und Nacht: eine mächtige, unsichtbare Kraft, die Ergebnisse zeitigt, mögen nun die Verlangenden darum wissen oder nicht. Denn wenn wir ein Ding, das wir verlangten, auch eine Zeitlang vergessen: die schaffende Kraft unseres Verlangens wird dadurch nicht gemindert und bringt uns endlich das Verlangte. Solches Verlangen ist in vielen lebendig, die kaum wagen, es sich einzugestehen. Wir versuchen oft, Gedanken und Sehnsüchte, die uns ergreifen wollen, abzuweisen. Aber sie kommen wieder und immer wieder. Sie können so jahrelang zu uns kommen, ehe wir anderen gegenüber von ihnen sprechen. Ja es kann geschehen, daß wir ihre erste wörtliche Bekanntschaft erst machen, wenn sie ein anderer ausspricht oder in einem Briefe, einer Zeitung, einem Buche mitteilt. Wir rufen dann voll Staunen: »Diese Gedanken denke ich ja schon seit Jahren!« Und solch schweigendes Verlangen gibt allen Formen der heutigen religiösen Bekenntnisse eine tiefere Bedeutung und Erklärung. Diese Bekenntnisse wurzeln ja alle in der Wahrheit. Aber die

Wahrheit steht nie stille. Sie wirkt immer mehr in die Breite und Tiefe und ›macht alle Dinge neu‹. Die Religion oder das Gesetz des Lebens wurzelt nicht wie der tote Pfosten im Erdboden in einer überlieferten Auslegung des Wortes Gottes. Die Religion ist wie ein Baum, der, ewig lebendig, ewig neue Zweige und Äste treibt.

Es gibt Befehle Gottes, die uns sagen: »Du sollst mehr von Mir wissen. Du sollst aufhören, einen Laut anzubeten. Du sollst Mich durch eine täglich sich erhöhende Bewunderung und Verehrung der millionen- und aber millionenfachen Wesensformen, in denen Ich Mich stofflich offenbare, anbeten. Verlange die Kraft von Mir, und Ich werde neue und immer neuere Sinne schaffen, die dich in Blättern und Bäumen, in Felsen und Steinen, in Sonne, Schnee und Regen neue Dinge und neue Entzückungen sehen und fühlen lassen werden! Ich will dich so veredeln, daß du der Mächte und Kräfte und aller schönen Dinge um dich herum, von denen du heute keinen Begriff hast, bewußt wirst. Ich will dir Macht über deinen Körper geben, so daß du ihn nie verlieren kannst, und Ich will dich erkennen machen, daß der letzte große Feind, der überwunden werden muß, der Tod ist.«

Jeder Mensch ist eine Offenbarung Gottes. Gott schuf den Menschen sich zum Bilde. Wir müssen uns darum nicht zu Bettlern machen, wenn wir unseren Teil an Wissen, Kraft und Weisheit des Unendlichen beanspruchen. Wir beleidigen damit den Unendlichen. Denn Mangel an Ehrfurcht vor uns selbst, ist Mangel an Ehrfurcht vor ebensoviel Gott, im Fleisch offenbart. Der blinde, zage Geist, der sich vor dem Höchsten erniedrigt, ist nicht wahrhaft ehrfürchtig. Wahre Ehrfurcht gründet sich auf die Fülle der Verehrung und Erkenntnis der wunderreichen, ewigen Kräfte und Eigenschaften im Höchsten. Je mehr wir nach dieser Erkenntnis und Verehrung verlangen, desto größer wird unsere Ehrfurcht vor dem endlosen Geiste, der da sagte und sagt: *»Ich bin, der ich bin!«*

Das Gebet

Bei allen Völkern und Religionen finden wir, vom Anfang der Geschichte her, das Gebet oder doch irgendeine Form des Gebets. Es liegt darum der Gedanke nahe, das Gebet sei ein Trieb, ein Instinkt, ein Gesetz oder Prinzip der menschlichen Natur.

Auf die Frage, zu wem wir denn beten, möchte ich antworten:

Wir können uns alle in dem Gedanken vereinigen, das grenzenlose All sei mit grenzenlosem Geiste erfüllt, mit Seele, Vernunft und Kraft. Sehen wir nicht Myriaden von Anderheiten in ihm, jede verschieden an Kraft und Vernunft, Offenbarungen von einer Gewalt und Weisheit, die über unser Begreifen gehen? Wir mögen diese Kraft ›Gott‹ oder ›den Unendlichen‹ oder, wie die Indianer es tun, den ›Großen Geist‹ nennen.

Wir mögen ihr alle Namen geben – es wird uns doch nie gelingen, sie ganz zu fassen. Ja im gleichen Maße, als wir sie zu fassen vermeinen, wächst ihr Geheimnis über uns empor. Endlos.

Zu dieser Kraft beten wir.

Nenne das Gebet, wenn du willst, einen Wunsch, ein Etwas, das aus der Mischung der Elemente, die uns in unser Geistig-Seelisches und Körperliches gegeben wurden, hervorgeht. Nenne es den Wunsch, Gutes zu erlangen, soweit wir es nur zu fassen vermögen. Das Gebet ist ein Verlangen – es ist Gemütskraft, Seele, im Verlangen gesammelt, verdichtet. Und dieses Verlangen kann auf größeres oder geringeres Gutes gerichtet sein.

Der eine Mensch wünscht über alles, reich an Geld zu werden. Sein Wunsch ist ein unaufhörliches Verlangen, ein Gebet. Er verlangt nach Gutem, soweit er es fassen kann. Wenn er im Geiste um Geld betet, dann ist anzunehmen, daß er sein Gebet in Taten auswirkt. Er wird wahrscheinlich reich werden. Vielleicht sagt nun einer: »Um Geld beten heißt um etwas Schlechtes beten!« Warum es nicht besser ein Gebet um ein vermischtes Gutes nennen? Oder um ein unvollkommenes Gutes?

Reichtum an Geld kann zeitweilig Gutes bringen. Der Irrtum liegt darin, das Geld als die dauerndste Quelle des Guten zu betrachten.

Die erlauchtere Seele wird nicht um Geld bitten. Sie wird nach mehr Mut, Geduld, Reinheit, Adel und Kraft verlangen, um schaffen zu können; nach schärferen Geistesaugen, um mehr zu sehen; nach erhöhter Fähigkeit zum Genuß des Lebens. Das ist das Gebet der höheren Weisheit. Auf ein solches Gebet wird in der Bibel hingewiesen mit den Worten: »Trachtet zum ersten nach dem Reich Gottes und nach seiner Gerechtigkeit!« – das heißt also: nach dem besten und dauerndsten Glücke, nach dem Ziel des Lebens.

Ich halte dafür, das Gebet sei ein großes Gesetz, das in der ganzen Natur, bei den tieferen Formen so gut wie bei den höheren, bis zum Menschen hinauf, in Erscheinung tritt. Ja ich glaube, das Gebet sei eine Notwendigkeit des Menschen. Du kannst auch von einer wissenschaftlich zu beweisenden Notwendigkeit sprechen, wenn du willst. (Wissenschaft und Religion brauchen durchaus nicht getrennt zu werden. Es besteht kein Grund, sie zu trennen.) Der weiseste Wunsch, das weiseste Verlangen – das ist das weiseste Gebet. Es ist darum wichtig, vorerst zu wissen, um was man zu beten habe. Wir müssen unsre Seelen öffnen und zur Aufnahme bereit machen, wir müssen willig sein, zu hören und belehrt zu werden, es muß unser Geist alle Tore und Fenster entriegeln und sie allem weit aufschließen, was da hereinströmen will.

Ich glaube, daß der unendliche Weltraum von Leben strotzt und von Leben durchpulst ist. Ich glaube, daß der Staub unter meinen Füßen lebt und daß das Wort ›Tod‹ das einzige Wort unsrer Sprache ist, das eine Unmöglichkeit bezeichnet. (Der eigentliche Prozeß des Verwesens in der Natur ist in Wahrheit Bewegung, Leben, Prinzip der Selbstvernichtung, um in neuer Gestalt wieder zu erstehen!)

Das Gebet, so glaube ich, beruht auf einem Instinkt des Wunsches und Verlangens, der, wie ich schon sagte, bei allen Formen der Natur beobachtet werden kann. Ich sehe so etwas wie ein Gebet auch im Gesetz der natürlichen Zuchtwahl, im ›survival of the fittest‹, im Wunsch, den Besten und Fähigsten der Gattung zu erhalten. Der Wunsch des Menschen, den Hund schneller laufen zu sehen, schuf dem Hunde in Geschlechterfolgen die anatomisch bessere Form, die ihn nun zum schnelleren Lauf befähigt. Und wenn mich wer fragt, ob ich denn glaube, daß ein Hund bete – wahrhaftig, ich verneine diese Frage nicht. Ich glaube, daß der Instinkt des Wunsches oder das Prinzip des Gebetes in der Pflanzen-, Tier- und Menschenwelt besteht, aber ich weiß, daß dieses Prinzip, wenn es tausend verschiedene Grade des Verlangens kennt, zehntausend Verschiedenheiten der Äußerung des Verlangens kennt. Doch was den Hund betrifft, wenn er aufblickt und mir ins Gesicht sieht, und wenn er mir seinen Kopf in den Schoß legt, dann ist mir dies sein inniges Gebet um meine Sympathie und Güte und Liebkosung – ein Gebet, so innig wie irgendein Gebet, das von der Kanzel gesprochen wird. Und die Fürsorge, die Angst und Liebe einer Tiermutter für und um ihre Jungen – es sind mir heilige Gefühle, heilige Wünsche, es ist mir ein heiliges Gebet um die Sicherheit ihrer Jungen.

Das Gebet des Glaubens ist heute selten. Ich meine, jenes Glaubens, der das göttliche Gesetz nicht vom natürlichen sondert. »Das Gebet des Gerechten vermag viel, wenn es ernstlich ist!« und »Das Gebet des Glaubens wird dem Kranken helfen!« – diese Worte stehen in der Schrift. Das

Gebet der zehn Gerechten rettete die Stadt, wie wir aus der Geschichte Abrahams erfahren. Die vereinigte Gebetskraft zehn reiner und ergriffener Geister dringt in jenes höhere Geistesreich hinauf, das die Bedingungen der irdischen Rettung schaffen kann. Denn Wunder gibt es nicht. Was wir Wunder nennen, ist das Ergebnis der Wirksamkeit von Gesetzen, die wir noch nicht kennen.

Man kann es auch heute noch, und selbst von der Kanzel herunter, von denen strenggläubigen Menschen vernehmen, daß die schwer zu glaubenden Bibelstellen lediglich Allegorien seien. Nun, wenn dereinst unsre beiden Welten, die sichtbare und die unsichtbare, wieder vereinigt sind und das Wissen der einen ergänzt wird durch das Wissen der andern, dann wird selbst der Strenggläubige das göttliche und natürliche Gesetz, das göttliche und natürliche Element in ihren Gleichheiten und Gleichzeitigkeiten erschauen können. Dann wird klar werden, daß die Wolken- und Feuersäule, die das Volk Israel einst bei Tag und Nacht führte, daß die Trompetenstöße, die Jerichos Mauern stürzten, und daß die Teilung des Roten Meeres noch ganz anders begründet werden können als durch Witterungsverhältnisse oder Ebbe und Flut.

Es sind große Kräfte da, die ebensosehr das Schlechte wie das Gute bewirken, große Wesenheiten, die, sichtbar und unsichtbar, auf Erden das Übel schaffen. Doch eine ermutigende Wahrheit krönt das dunkle Bild, und ein einziger wahrhaft gläubiger und gebetserfüllter Mensch vermag als Bindeglied, als Mittler, auf Erden Großes zu vollbringen. Denn das höhere Erkennen, die Kraft des Lichtes muß endlich über das Dunkel siegen. Das Gebet ist darum die größte der Notwendigkeiten für jene Menschen, die der Welt und ihrem kleinlichen Egoismus entwachsen sind. Das weiseste Gebet wird nach höchster Erkenntnis, nach edelster Reinheit, nach höchster Erhebung der Seele und größter Liebe zum Nächsten verlangen. Solche Wünsche hegen heißt hohen und erhabenen Gedanken hingegeben sein.

Zu wem also beten wir?

Zum ›Vater‹. Zum ›Vater im Himmel‹. Es ist das keine düstere, grausame, rachsüchtige, persönliche Gottheit, sondern ›Unser Vater‹, der Große Geist, der Unendliche Geist, der Zeit und Raum und Ewigkeit durchdringt und alles, was da ist und lebt. »Gott wirkt in uns und durch uns, Gott, in dem wir leben und weben und sind« – noch immer ›Unser Vater‹ in Freudens- und Segensfülle, die er auf uns niederströmen läßt, wenn wir nur bereitet sind, sie zu empfangen, und weise genug, sie zu gebrauchen. Eine Kraft, so gewaltig und unerschöpflich in ihren Quellen, so unendlichfach in ihrer Offenbarung, so strotzend von Elementen und von Gesetzen, die diese Elemente beherrschen; eine Kraft, die den Planeten um seine Sonne schleudert und sausende Planetensysteme um ihre Mittelpunkte; eine Kraft, so unerhört in ihrer Genauigkeit, in der Form und Schönheit, mit der sie die atomhafte Schwinge des Insektes bildet; so verschwenderisch an Schönheit, daß sie jede Schneeflocke zum symmetrischen Kristall gestaltet; so schrecklich; so unbegreiflich und unendlich, daß der schwache Menschengeist taumelt, wenn er versucht, das Gewicht eines solchen Begriffes zu tragen. Wie können wir, wenn wir all dies auch nur einigermaßen fassen, wie können wir einen solchen Namen ohne Ehrfurcht auf die Lippen nehmen? Sollte dieser Name nicht geheiligt werden? *Es ist die Kraft, zu der alles Leben und alles Element im unendlichen Raum bewußt oder unbewußt betet.*

Das Gebet ist mißbraucht, mißverstanden und verfälscht worden. Man glaubt nachgerade, nur unwissende Menschen beten. Und man hat ihm einerseits einen Beigeschmack von Bettelei, anderseits den von Bigotterie und Aberglauben gegeben. Dementgegen wiederhole ich, daß ich das Gebet für eine uns eingeborene Eigenschaft halte. Für eine Eigenschaft, die unserer Natur und Wesenheit ebenso zugehörig ist wie die Kraft, mit der sich das Mineral in bestimmter Kristallform erneuert, dem Mineral zugehörig ist;

oder wie der Pflanze das Verlangen zugehörig ist, mit dem sie aus dem Dunkel heraus dem Licht entgegenwächst.

Wir sollten uns daran erinnern, daß ein Gebet, das sich die Erreichung oder den Besitz irgendeines Dinges eigensüchtig zum Ziele setzt, kein glückliches Gebet sein kann. Unser bestes Gebet wird immer von der Empfindung getragen sein müssen: »Dein Wille geschehe!« Je mehr der Geist des Gebets, der Geist des Wunsches oder Verlangens dem Höheren, Reineren zugebildet ist, um so näher bringt er uns der höheren und glücklicheren unsichtbaren Welt. Je gebildeter unser Geist ist, um so besser wissen wir, um was wir beten sollen. Je mehr die Seele gewöhnt wird, im höchsten und reinsten Denken zu wohnen, um so geringer wird in gewissem Sinne die mechanische Bemühung des Gebets. Es versinkt zuletzt in ein Entzücken, in ein endloses Gedicht, dessen Empfindung der Abglanz alles Besten und Glänzendsten und Reinsten der Schöpfung ist.

»Dein Reich komme!« Das Reich der Kraft. Das Reich stetig neuer und höherer Freuden und Herrlichkeiten. Das Reich der Gerechtigkeit. Das Reich neuer Offenbarungen, neuer Bibeln und Gesetze.

Selbstliebe

Das Gebot Christi besagt: »Liebe deinen Nächsten wie dich selbst!«

Aber diese letzten Worte ›wie dich selbst!‹ vergessen die Menschen zu gerne. Sie wähnen, sie müßten die anderen Menschen noch mehr lieben als sich selbst. Und dieser Wahn führt in manchen Fällen sogar bis zu völliger Hintansetzung des eigenen Ichs.

Es gibt aber eine Selbstliebe, die zu Recht besteht und zu rechtfertigen ist. Ja geistiges Wachstum ist ohne diese Selbstliebe, eine Selbstliebe höherer Art, gar nicht möglich. Geistiges Wachstum bedeutet Bildung und Erhöhung jeder Fähigkeit und jedes Talentes. Es bedeutet das Werden des allseitig entwickelten Menschen. Geistiges Wachstum – wie es im unaufhörlichen Verlangen nach Kraft aus der unendlichen Kraft geschieht – entfaltet Kräfte, die dem Körper vollkommene Gesundheit geben und Schmerz und Krankheit von ihm fernehalten. Geistiges Wachstum wird den Menschen über die Sterblichkeit hinaufheben. Und die Selbstliebe, an die hier gedacht wird, soll anderen nicht weniger zugute kommen als uns selbst.

Wenn wir einen Menschen lieben, senden wir ihm die Eigenschaft unserer Geistigkeit zu. Ist es eine edle, strebende, nach Kraft verlangende Geistigkeit, dann ist, was wir dem Nächsten senden, ein wirkliches Element, ein Agens des Lebens und der Gesundheit, das jener Nächste gemäß seiner Fähigkeit aufnimmt und sich assimiliert. Ist diese Geistigkeit eine geringe, gemeine, bettlerhafte, sind wir es zufrieden, auf Kosten anderer zu leben, liegt uns an unserer persönlichen Erscheinung nichts, erwerben wir unseren Unterhalt auf fragwürdige Weise, glauben wir an keine allerhöchste, alles beherrschende, waltende Macht, die unser Leben kraft ewiger Gesetze regiert, glauben wir nur, im Leben herrsche der Zufall und es sei nichts weiter als ein törichtes Geraufe, eine Hetzjagd: dann senden wir jenem Menschen im Geiste solchen Glauben zu, und wenn er unsere Liebe aufnimmt, so ist sie nur ein Etwas, das niederreißt, anstatt eine Kraft, die aufbaut.

Wie können wir denn dem Nächsten unsere Liebe zuwenden, wenn wir sie nicht zu uns selbst empfinden? Wenn wir etwa unseren physischen Körper mit seinen Herrlichkeiten zu wenig lieben und schätzen, ja wenn wir niemals mit Bewunderung und Dankbarkeit seiner gedenken?

Höchste Liebe zu sich selbst bedeutet höchste Gerechtigkeit gegen sich selbst. Wer gegen sich selbst ungerecht ist, wird gegen jene, für die er von höchstem Werte ist, unvermeidlich ungerecht sein.

Unser wichtigstes Wissen ist das Wissen um unseren Wert für andere. Wir werden es erlangen, wenn wir den unendlichen Geist darum bitten. In dem Maße, wie unsere Kraft wächst, das Glück der Menschen zu erhöhen, und in dem Maße, wie wir diese Kraft erkennen, werden uns die nötigen Hilfen zuströmen, um unsere materiellen Bedingungen zu erleichtern. Denn kein Mensch vermag, das Beste für sich und die anderen zu leisten, wenn er elend wohnt und schlecht gekleidet ist, den Geist darben läßt und ihm die Wohltaten feinerer Genüsse vorenthält. Menschen dieser Art tragen die Luft und Sphäre des Elends mit sich herum, und das zieht sie nieder und entehrt sie. Wenn der unendliche Geist sich solcherart offenbarte – würden seine strahlenden Himmel dann die leuchtenden Herrlichkeiten seiner Sonnen zeigen? Würden die Felder dann den Sonnenglanz in der Myriaden-Formenfülle von Blättern und Blumen widerspiegeln? Wäre das Farbenspiel des Vogelgefieders oder des Regenbogens da?

Was in vielen Fällen die Erfüllung jener höheren Liebe gegen sich selbst verhindert, ist das Denken: »Was werden die anderen dazu sagen? Wie werden sie über mich urteilen, wenn ich mir gebe, was ich mir schuldig bin?«

Nun, wenn unser Leben von einer Grundwahrheit beherrscht wird und wenn wir uns der Allerhöchsten Kraft, dem Unendlichen Geist des Guten (nenn ihn ›Weltgeist‹, ›Schöpfer‹, ›Gott‹ – Name ist Schall und Rauch) vertrauend hingeben, dann wird uns die Furcht vor dem luftigen Gemächte ›öffentliche Meinung‹, sie sei Liebe oder Haß, nicht zu stören vermögen. Jener Geist wird uns stark erhalten.

Wenn wir versuchen, so zu leben, daß wir anderen gefallen, werden wir ihnen gewiß nicht gefallen. Und je mehr wir gefallen wollen, um so weniger werden wir gefallen. Der Anspruch der anderen wächst mit unserem Verzicht auf uns selbst und unsere Wesensart. Wie wir unser Leben zu führen haben, das liegt letzten Endes zwischen Gott und uns: nähren wir uns aus anderen Quellen und Kräften, und lassen wir diese über uns herrschen, so leben wir nicht mehr im Strahle höchster Spiritualität.

Es gibt nur sehr wenige Menschen, die sich selbst lieben.

Sehr wenige Menschen lieben, wie ich schon vorhin sagte, ihren Körper. Und doch trüge diese höhere Liebe dem Körper ein immer kraftvolleres Leben zu, ein immer höheres Vermögen, das Leben zu genießen und sich seiner zu freuen.

Ein Mensch, der sich kopfüber in Arbeit und Vergnügungen stürzt, liebt Arbeit oder Vergnügungen unweise. Er hat keine Achtung vor dem Instrument, von dem er bei der Verwirklichung seiner Ideen abhängig ist. Er gleicht einem Handwerker, der ein kostbares Werkzeug, mit dem er seltene und erlesene Arbeit verrichten könnte, rosten oder durch Vernachlässigung irgendwie Schaden nehmen läßt. Auch ist dies nicht höhere und wahre Liebe zum Körper, die nur die Nahrung liebt, mit der sie ihn nährt, oder die Kleidung, in die sie ihn kleidet.

Der Geizige liebt sich nicht. Er liebt das Geld mehr als sich selbst. Mit halbverhungertem Körper zu leben und mit ärmlichsten und billigsten Dingen auszukommen, auf jeden Luxus, jedes Vergnügen und jede Erholung zu verzichten, damit nur der Geldschatz wachse: das ist sicherlich keine Liebe zu sich selbst. Die Liebe des Geizigen ruht völlig in seinen Geldsäcken oder in seinem Bank-Guthaben. Und man merkt es dem Körper des Geizigen an, wie wenig Liebe ihm gegeben wird. Denn Liebe ist ein Element, wirklich wie Luft und Wasser. Es ist in den verschiedenen Menschen verschieden vorhanden und kann, wie Gold, mit gröberem Element vermischt werden. Höchste und reinste Liebe strömt einzig jenen zu, die in innigster Gemeinschaft und Vereinigung mit dem Unendlichen, mit der liebenden Weltseele leben und immer neu nach neuer Weisheit aus ihr verlangen. Das Wohlwollen und die Geistigkeit solcher Menschen sind jedem Wohltat, der sie empfängt. Und gerade solche Menschen sind, eben vermöge jener Weisheit, in ihrer Sympathie von weiser Sparsamkeit. Sie wenden die Liebe sich selber zu, aber nur, um das Höchste aus sich selber zu machen und es dann hinzugeben. So muß die Sonne erst die Feuchtigkeit aus Strom, See und Ozean aufsaugen, ehe die Wolken den befruchtenden Regen der Erde wiedergeben können.

Es gibt auch Menschen, die aus dem Geiste der Religion heraus, in der sie erzogen wurden, folgern, der menschliche Leib und seine Funktionen seien von Natur aus verderbt und verächtlich. »Habet nicht lieb das Fleisch!« Der Leib, so sagen sie, sei die träge Fessel, der Hemmschuh jedes höheren und göttlichen Lebens. Er sei die verwesliche Nahrung der Würmer, bestimmt, in der Erde zu modern und zu Staub zu werden. Es ist gesagt worden, der Leib müsse abgetötet und das Fleisch gekreuzigt und harter Buß' und Reu' unterworfen werden – um seiner schlechten Triebe willen. Selbst die Jugend in ihrer Frische, Schönheit, Kraft und Lebensfülle wurde als Sünde oder doch als ein Lebensalter beargwohnt, worin der Mensch besonders zur Sünde neige.

Wer seinen Leib irgendwie abtötet oder das Fleisch kreuzigt, sei es, daß er sich kasteit oder bettelhaft kleidet oder in elender, düsterer Umgebung lebt, kommt herunter und trägt in seinen Leib den Geist des Selbsthasses hinein. Haß gegen andere oder gegen sich selbst ist langsame Vergiftung des Geistes. Ein Leib, der gehaßt wird, kann niemals gesund und wohlgestalt sein. Wir reinigen den Körper nicht von seinen niederen, tierischen Trieben, wir verfeinern ihn nicht dadurch, daß wir ihn für seine Sünden verantwortlich machen und bestrafen. Wir veredeln ihn nicht, wenn wir ihn lediglich als einen Hemmschuh betrachten, als eine stoffliche Fessel, die zuletzt abstreifen zu können ein glückliches Geschick sein muß.

Die Religion hat in der Vergangenheit aus dem Körper einen Sündenbock gemacht, sie hat in jeder Sünde angeklagt, und sie hat ihn, indem sie dies tat und dachte, in der Tat mit Sünde erfüllt und sündig gemacht. Die Bekenner solcher Religion haben Schmerz und Krankheit durchlitten. Ihre Körper verfielen, und nicht selten folgte der Tod langem, qualvollem Leiden. »An ihren Früchten sollt ihr sie erkennen!« sagt die Schrift. Die Früchte eines solchen Glaubens und Denkens erweisen selbst den Irrtum, der ihnen innewohnt.

Geist und Körper müssen nicht immer miteinander Krieg führen. Wir können sie in vollkommene Harmonie bringen und Frieden schließen lassen. Die Allerhöchste Kraft wird uns die Liebe zum Körper schenken, wenn wir sie darum bitten. Und wir brauchen diese Liebe, die uns nur der Unendliche Geist geben kann. Wer seinen Körper nicht liebt, liebt eine Offenbarung des Unendlichen Geistes nicht.

Wenn Gott einem Menschen Schönheit und Wohlgestalt des Körpers gab – sollte ein solcher Mensch diese Gaben nicht bewundern, verehren, lieben? Ist es eitel, Talente, die wir an uns entdecken, zu lieben und auszubilden? Wenn Gott den Menschen nach seinem Bilde schuf – dann ist es ein Bild, der Liebe und Bewunderung würdig! Oder sollte ihm mit Haß und Mißtrauen begegnet werden? Frömmelnder Glaube hofiert oft genug die Häßlichkeit. Zahme Hausbackenheit erscheint ihm verehrungswürdiger als Schönheit. Schönheit fürchtet er wie ein Geschenk des Teufels – dem lieben Gott, so meint er, seien nur die körperlich Mißratenen wohlgefällig. Und wenn einer dieser feierlich dreinschauenden dürren Mucker dazu berufen wäre, einen Engel nach seinem Bilde zu schaffen, dann würde so ein Engel das leibhaftige lederne Abbild seines lebensfremden und schönheitsfeindlichen Schöpfers sein.

Der Weltgeist wird uns, wenn wir ihn darum bitten, Weisheit und Licht geben, damit wir erkennen, was wir uns selber schuldig sind und was den anderen. Der Mensch ist von den Geboten, von den überlieferten Pflichten gegen Eltern, Verwandte und Freunde überwältigt worden. Die Straße zum Himmel ist gepflastert mit sehr viel Opfern und Selbstverleugnungen um anderer willen, aber mit sehr wenig Gutem um unser selbst willen. Wenn wir hier an den Christus beispielgebend erinnert werden sollten, dann finden wir gerade durch ihn einen andern Weg vorgezeichnet. Als seine Mutter und seine Brüder mit ihm zu sprechen begehrten, da fragte er: »Wer ist meine Mutter? Und wer sind meine Brüder?« Und reckte die Hand aus über seine Jünger und sprach: »Siehe da, das ist meine Mutter und meine Brüder! Denn wer den Willen tut meines Vaters im Himmel, derselbige ist mein Bruder, Schwester und Mutter!« Und als die Jünglinge darum, daß sie ihm nicht gleich nachfolgen, sich entschuldigten, weil sie hingehen müßten, den Vater zu begraben, da sagte ihnen der Verkünder eines neuen und höheren Gesetzes: »Laßt die Toten ihre Toten begraben!«

Mit anderen Worten: wenn Vater oder Mutter oder Schwestern oder Brüder lebenslang irrleben und in Sünde versunken sind, wenn ihr Leben ein stetes Verletzen geistigen Gesetzes ist, wofür Strafe als Krankheit und Schmerz unvermeidlich verhängt werden müssen, wenn sie in falschem vermeidlich verhängt werden muß, wenn sie deine

Art, zu sein und zu denken, unpraktisch, phantastisch oder visionär finden: dann kannst du ohne Schaden für dich keine Gemeinschaft mit ihnen haben. Lebst du um des lieben Friedens willen dennoch mit ihnen, dann lebst du eine Lüge. Und wenn du eine Lüge lebst, verstofflichst du sie, trägst du sie in deinen Körper hinein, wo sie Schmerz und Störung erzeugt.

Erkennen andere Menschen das Gesetz des Lebens nicht so klar wie du, stolpern und straucheln sie in ihrer Blindheit, schaffen sie sich Krankheit und Verfall: dann liegt es nicht in der Linie der höchsten Gerechtigkeit, daß du, wenn sie krank sind, als Wärter immer da zu sein hast, um ihre kranke und ungesunde Geistigkeit ganz in dich aufzunehmen, um ihnen dafür dein Leben und deine Lebenskraft in Tausch zu geben (denn das tust du, wenn du viel an jemand denkst oder denken mußt) und so mit ihnen herunterzukommen. Du bist für ihre Blindheit nicht verantwortlich, noch kannst du ihnen die Augen öffnen und sie sehen machen, was sich dir als Wahrheit zeigt. Das kann nur der Unendliche Geist. Ja du tust denen, die in einem tieferen oder materielleren Strom von Geistigkeit leben, in Wahrheit nichts Gutes, wenn du ihnen physisch oder geistig dienst. Es mag dir, der du geistig stärker bist, gelingen, sie eine Zeitlang gleichsam künstlich über Wasser zu halten und ihnen, indem du deine Geistigkeit in die ihrige leitest, einige Kraft zu geben. Aber du kannst es nicht dauernd tun, und wenn dein Einfluß aufhört – und er muß nach einiger Zeit aufhören! –: dann sinken sie in ihren alten Zustand zurück.

Was also ist dir gelungen? Was hast du vollbracht?

Du hast dir Kraft genommen, die du dir selbst schuldig gewesen bist, und du hast jene Menschen gelehrt, sich auf deine Kraft zu verlassen, anstatt auf die Kraft, auf die sich zu verlassen jeder Mensch lernen muß: auf die Allerhöchste Kraft! – Laß darum die Toten, wenngleich sie noch auf Erden leben, ihre Toten begraben! Send ihnen den Gedanken und Wunsch nach ihrer höchsten Wohlfahrt zu, wann immer du ihrer gedenkst – doch überlasse sie im übrigen der Fürsorge Gottes.

Wenn du die höhere Liebe zu dir selbst in dich legst, wenn du deine Kräfte staust, um dich auf eine höhere Stufe des Seins zu erheben, wenn es dein Ziel, dein stetes schweigendes Gebet ist, aus dem Strome niederen und materiellen Denkens in jene Geistigkeit hinaufgehoben zu werden, darin physischer Schmerz nicht mehr besteht; wenn du danach strebst, jeden deiner Sinne und jede deiner Fähigkeiten über das gegenwärtige Maß der Sterblichen hinaus verfeinert und gekräftigt zu besitzen, wenn du durch Beweise, die dir werden, zu erfassen beginnst, daß sich da Möglichkeiten auftun: erst dann wirst du für jeden anderen eine wirkliche Wohltat! Denn dann beweist du ein Gesetz! Dann zeigst du, daß es eine Straße gibt, die aus den Leiden hinausführt, von denen die Menschheit gequält wird. Und wenn andere, die diese Dinge durch dich gelebt sehen, dich fragen, wie man sie erlangt, dann kannst du ihnen antworten: »Ich wuchs und wachse noch immer einem höheren und glücklicheren Zustande des Körpers und des Geistes entgegen! Ich vermag dies durch die Erkenntnis eines Gesetzes, und dieses Gesetz gilt für mich so gut wie für dich! Ich glaube an die große, alles beherrschende Kraft, die, wenn ich sie darum bitte, mir eine immer beglückendere Art, das Leben zu leben, zeigen wird! – Ich hatte am Anfang wenig Glauben an das Bestehen dieser Kraft – aber ich war willens, um die Fähigkeit, diese Kraft zu erkennen, zu bitten und zu beten. Und nun wird mein Glaube an ihre Wirklichkeit und Wirksamkeit immer fester!«

Ein weitverbreiteter Irrtum besagt, man könne für andere niemals genug tun. O ja, im richtigen Verstande des Wortes! – Aber wer Silbermünzen unter Kinder wirft, verschwendet, denn es täten's auch Kupfermünzen. So kann auch Sympathie (Sympathie ist Kraft!) verschwendet werden: die Beschenkten wollen gar nicht so viel davon haben, können gar nicht so viel gebrauchen, wissen nicht, was mit ihr zu tun. Und was Menschen nicht gebrauchen können, das ist verloren!

Es gibt eine göttliche Ökonomie, die uns befiehlt, nur so viel von unserer Sympathie und Geisteskraft hinzugeben, als dem anderen wirklich gut tut und ihm nötig ist.

Vielleicht wird, was hier über die Notwendigkeit der Selbstliebe gesagt wurde, manchem hart, kalt und unbillig erscheinen. Ihm sei mitgeteilt, daß die Gaben des Allerhöchsten vollkommene Gaben sind und daß, was als ›vollkommene Gabe‹ von uns empfangen wurde, als solche von uns auch wieder ausgeht und anderen wohltut. Wenn erst ein Mensch auf diesem Planeten die ›vollkommene Gabe‹ der Unsterblichkeit im Fleisch empfängt, eine Gabe, die vollkommene Gesundheit und Freiheit von allem Schmerz und aller Krankheit einschließt, dann wird diese Gabe andere anstecken, denn Gesundheit ist ebenso ansteckend wie Krankheit. Das Um und Auf allseitigen Wachstums und steter Erhöhung unserer geistigen und körperlichen Kräfte ist die rechte Bewahrung und Überwachung dieser Kräfte, die Ökonomie im Verbrauch dieser Kräfte. Diese Weisheit kann uns nur vom Allerhöchsten gegeben werden. Wir müssen darum bitten.

Man fragt mich oft: »Woher weißt du, was du behauptest?« Oder: »Hast du diese Behauptungen an dir selbst erfahren?«

Ich weiß: was ich behaupte, ist wahr! Denn ich habe die wohltuenden Wirkungen für Gesundheit und Lebensfülle bewiesen gesehen. Andere Beweise kommen mir stetig zu. Indessen: was *mir* klar ist, muß andere Menschen durchaus nicht überzeugen. Diese Art Beweis muß jeder durch die Auswertung des Anteils an Kraft, der ihm vom Unendlichen Geist gegeben wurde, für sich selbst erfahren. In der physischen Welt können wir dem Bericht eines Seefahrers, der behauptet, eine neue Insel entdeckt zu haben, ohne weiteres Glauben schenken. Die Insel erscheint jedem leiblichen Auge in gleicher Gestalt. Anders ist's in der geistigen

Welt. In der geistigen Welt erscheinen die Dinge nicht allen Augen in gleicher Gestalt. Nun gibt es aber auch geistige Inseln und geistige Wirklichkeiten, die der eine Mensch sehen kann und der andere nicht. Du wirst diese Wirklichkeiten sehen, und sie werden sich dir immer mehr beweisen – doch wenn du anderen davon sprichst, ist es sehr möglich, daß sie dich einen Träumer und Phantasten nennen oder aber den materiellen Beweis eines solchen Wachstumes materiellen Ursachen zuschreiben.

In der geistigen Welt ist jeder sein eigener Entdecker. Mach dir nichts daraus, wenn sie dir deine Entdeckung nicht glauben. Es ist nicht deine Sache, herumzureden und sie ihnen zu beweisen. Deine Sache ist: dich zu vollenden! Dein Lebensgefühl zu erhöhen und dein Leben immer mehr zu erfüllen.

Christus sagte ihnen einst: »Hören sie Moses und die Propheten nicht, so werden sie auch nicht glauben, ob jemand von den Toten auferstünde.«

Darin hat sich die Welt seit den Tagen, da der Christus im Menschenleibe auf Erden ging, nicht viel geändert.

Die Wiedergeburt aus dem Geist

Den eigentlichen Sinn und Wert des Lebens kennen wir noch nicht.

Geboren werden, Kindheit, Jugend, Reife und Alter verleben, um dann zu sterben: das ist die allgemeine Vorstellung vom Verlauf unseres Seins auf Erden. Vielleicht auch noch: Ruhm oder Vermögen zu erwerben, was aber an den letzten Stadien: Entkräftung, Siechtum und Tod, nichts ändert.

Nun ist aber das wirkliche, ewig blühende und sich vollendende Leben unserem heutigen, zeitlich begrenzten Sein so sehr unähnlich, daß es kaum eine Möglichkeit gibt, die beiden durch einen Vergleich der Vorstellung näherzubringen.

Denn wie will man einem Menschen, der von einem Baum noch niemals etwas anderes als die Wurzeln im dunkeln, feuchten Erdreich gesehen hat – wie kann man ihm durch Worte einen Begriff von der Schönheit der Blätter und Blüten im Sonnenschein vermitteln?

Unser körperliches Dasein ist die Wurzel, aus der in der Zukunft eine unbeschreibliche Schönheit und Kraft erblühen wird.

Es gibt Menschen, die von ihren physischen Körpern verächtlich sprechen. Sie nennen sie träge Fesseln und Hemmnisse und wähnen, wenn sie ihrer Körper erst einmal ledig wären, dann hübe ein Leben der Seligkeit in den Reichen des Geistes an. Und sie geben sich glühenden Vorgefühlen eines solchen Zustandes hin.

Hier geschieht Irrtum.

Denn ein gewisses körperliches Leben mit körperlichen Sinnen, die stetig feiner werden, ist auf jeder Stufe des Seins eine Notwendigkeit zur gänzlichen Erfüllung unseres Lebens.

Der Christus sprach von der Notwendigkeit der ›Regeneration‹. »Ihr müsset von neuem geboren werden!« sagte er.

›Reinkarniert‹ wurden wir alle, und viele Male.

Die Regeneration oder die Wiedergeburt aus dem Geiste ist ein Schritt über die Reinkarnation oder die Geburt im Fleische hinaus.

Reinkarnation bedeutet den gänzlichen Verlust eines physischen Körpers und das Erlangen eines neuen unter Mithilfe anderer Organisationen.

Unter Regeneration verstehe ich hier die Fortdauer eines physischen Körpers, also die Aufhebung jener gänzlichen Absonderung von Geist und Körper, die wir ›Tod‹ nennen.

Je unreifer ein Geist, um so länger die Warte- und Wandlungszeit bis zur Erlangung eines neuen physischen Körpers durch die Reinkarnation.

Je reifer und vollkommener die Kraft eines Geistes, um so kürzer die Dauer dieser Zwischenzeit. Es sind hier Jahre, dort Jahrhunderte.

Ich sage daher: *eine höchste Geisteskraft wird den regenerativen an Stelle des reinkarnativen Prozesses suchen, um dem Leben am physischen Plan Dauer zu verleihen.*

Eine vergeistigende und verfeinernde Kraft wirkte von je auf diesen Planeten und wird ewig auf ihn wirken. Diese Kraft hat in ungezählten Zeitaltern alle Formen des Seins, die Welt der Gesteine, Pflanzen und Tiere, vom Rauhen zum Zarten, vom Unvollkommenen zum Vollkommeneren hin entwickelt. Sie hat immer feinere und feinere Typen gschaffen. Und sie hat, wie auf alle Organisationen, so auch auf den Menschen eingewirkt. Er wird aus einem stofflichen ein immer mehr und mehr spirituales Wesen. Sie trägt ihn durch viele Geburten und Tode von einer Stufe der Vollendung zur nächsten, höheren. Sie hat neue Kräfte und Leben und Lebensmethoden für ihn bereit. Diese spirituale Kraft hat ihm in der Vergangenheit zu neuen Erfindungen verholfen. Sie erleuchtete seinen Geist, damit er den Dampf, die Elektrizität und andere stoffliche Hilfsmittel gebrauchen lerne. Die Erleuchtung aber, der wir entgegenreifen, wird eine weit mächtigere sein. Es kommt eine Zeit, in der der Mensch Dampf oder Elektrizität nicht nötig haben wird, um Genuß und Behagen zu erhöhen. Neue Kräfte, aus der Spiritualität des Menschen heraus geboren, werden die Notwendigkeit vieler stofflicher Hilfsmittel von heute überflüssig machen. Es wird in der Zukunft – wenn erst der leibliche Tod nicht mehr ist – zuerst den wenigen und dann den vielen ein vollkommeneres Leben bereitet sein, als wir es heute leben.

Wenn ich es anders sagen soll: *Jeder Geist wird imstande sein, sowohl seine spiritualen als auch seine leiblichen Sinne durch die fortgesetzte Regeneration oder Wiedergeburt aus dem Geiste zu erneuern.*

Das Leben ist eine ewige Reihe von Wiedergeburten. All meine Schriften sind ein Bemühen, den Sinn des Lebens zu deuten und auszusagen. Ich will zeigen, wie das spirituale Leben das physische Leben beherrscht und wie wir alle aus gröberen Daseinsformen den feineren entgegenreifen.

Der Geist wird wiedergeboren, wenn er den alten physischen Körper abstreift. Er streift ihn ab, weil er es müde geworden ist, ein Instrument mit sich zu schleppen, durch das er sich nicht mehr völlig offenbaren kann. Der alte Mensch, dessen Kräfte verfallen, hat soviel Geist wie je. Aber der Geist vermag nicht mehr auf den alten Körper einzuwirken. Er zieht sich deshalb immer mehr von ihm zurück und verläßt ihn endlich ganz. Es stirbt der Mensch.

Doch unser Körper wurde nur alt, weil wir ihn jahrelang mit einer abgebrauchten, immer gleichen Geistigkeit ernährten, weil wir versuchten, ihn mit altem, morschem Stoff wieder aufzubauen. Es ist wie der Versuch, ein löcheriges Dach mit morschen Schindeln auszubessern; und zeigt zugleich den Absterbensprozeß von heute, die Ursache des Verfalls unserer physischen Kräfte und des körperlichen Todes.

Der erleuchtetere Geist der Zukunft wird gefunden haben, wie auf den Körper einzuwirken und wie er mit immer neuer Geisteskraft zu erfüllen sei. So wird er den Körper jung erhalten und so der notwendigen innigen Verbindung zwischen Geist und Stoff Dauer verleihen.

Wir verlieren das Leben nicht, wenn wir den physischen Körper verlieren. Aber wir verlieren mit ihm eine besondere Möglichkeit des Lebens und ein höchst wichtiges Hilfsmittel zum vollsten Genuß des Lebens.

Wir verlieren durch den sogenannten Tod den Gebrauch jener fünf Sinne, die wir als die leiblichen bezeichnen. Wir verlieren das Vermögen, in innignahem Zusammenhang mit der Welt der physischen Dinge zu leben.

Es ist nun höchst wünschenswert, den innignahen Zusammenhang mit der physischen Welt nicht zu verlieren. Der Geist, der seinen physischen Körper verlor, beklagt, entgegen unserer allgemeinen Annahme, den Verlust seines Körpers, ja, er verlangt gierig nach ihm, denn er möchte sich der leiblichen Sinne, die er besaß, wieder bedienen. Doch da ihm diese Sinne fehlen, bedient er sich, soweit er es vermag, durch geistig-seelisches Gesetz der leiblichen Sinne jener Geister, die noch physische Körper besitzen, also der Menschen am physischen Plan. Diese sucht er zu beeinflussen oder gar zu beherrschen.

Jeder Mensch ist solchem Einfluß aus dem ›Jenseits‹ ausgesetzt. Die ›Toten‹, wie wir sie fälschlich nennen, leben ›drüben‹ ihre unvollkommenen Erdenleben weiter. Und wir sind es, wir Menschen, die wir noch physische Körper besitzen, die unbewußt den ›Toten‹ Hilfskräfte vermitteln.

Die Wiedergeburt, an die ich denke, wird nicht durch stoffliche Heilmittel oder Methoden herbeigeführt. Sie ergibt sich vielmehr aus der Verwandlung des menschlichen Geistes. Der Mensch wird um eine neue Lebensführung, um eine neue Art zu leben, wissen.

Wir leben ein Leben der physischen Sinne und eines der feineren oder spiritualen Sinne. Wir leben in den Stunden des Wachseins das Leben der physischen Sinne, und wir leben im Schlafe das Leben der spiritualen Sinne. Sind diese beiden Leben einander richtig eingeordnet, so beleben sie einander auf heilsame Weise: der Körper empfängt Geistiges, das er braucht, der Geist lebendigen Kraftzuschuß aus dem Körperlichen.

Das vollendetere oder wiedergeborene Leben der Zukunft bedeutet das Wissen von den physischen und spiritualen Sinnen.

Denn das Leben der physischen Sinne und jenes der spiritualen Sinne sind einander notwendig. Sind diese Leben vereinigt und verstehen wir, sie zu gebrauchen, so wird unser Leben im gleichen Maße vervollkommnet. Es schwingt sich der Geist zu einer Seligkeit empor, die heute kaum gedacht werden kann.

Noch gilt, seit Christi Tagen, das Wort: »Der Tod ist der Sünde Gold.«

Ich würde es jedoch vorziehen zu sagen: *»Das Ergebnis eines unvollkommenen Lebens ist der Tod des physischen Körpers.«*

Der Körper jedes schwachen, verschrumpften, zitternden alten Menschen ist für mich das Ergebnis von Sünden, die in Unwissenheit begangen worden sind. Diese Sünden lagen im Denken, in den Gedanken der Menschen. Aus ihren Gedanken baute der Geist zunächst ihre geistigen Körper. Jeder physische Körper ist ein stoffliches Gegenbild seines geistigen Körpers. Glaubt der Geist an Irrtum, so baut er Irrtum in den physischen Körper hinein. Das Ergebnis ist Verfall.

Man tadle diese Leidenden nicht! Sie haben nach ihrem besten Wissen und Erkennen gelebt – sie werden zu ihrer Zeit ein höheres Wissen und Erkennen erlangen. Sie werden neue Methoden des Lebens erfahren und die Irrtümer früherer, unvollkommenerer Leben vermeiden!

Nächstenliebe fließt aus der Erkenntnis, daß alle Menschen nach dem Lichte des besten Wissens leben könnten. Doch nur Gott allein vermag die dunklen Kammern unserer und ihrer Seelen zu erhellen. Wenn wir, die Fehler der anderen verlassend, nach Erleuchtung unserer Seele verlangen, auf daß wir das Übel erkennen und vermeiden mögen, dann wird nur diese Erleuchtung allein allen Menschen um uns herum Hilfe bringen können.

Die Menschen werden lebensmüde, weil sie jahrein, jahraus in steter Wiederholung die gleiche Garnitur von Gedanken und Ideen denken. Ewiges Leben und Seligkeit werden uns durch den unaufhörlichen Zustrom neuer Gedanken und neuer Ideen. Gedanken sind die Speise unseres spiritualen Seins, und auch unsere physischen Körper werden nicht Jahr um Jahr lediglich von einer einzigen, immer gleichen Speise ernährt. Nähre oder versuche, den Geist allezeit von der gleichen Kost zu nähren – und er wird krank. Der kranke Geist macht den Körper krank!

Das Gesetz des ewigen Lebens wird die Fortdauer der Wiederholung nicht dulden. Denn dieses Gesetz besagt: »Ihr seid nicht dazu geschaffen, im Geleise träger, überkommener Gewohnheit hinzuleben! Ihr seid als Johann Schmidt oder Michael Huber keine unveränderliche Individualität, pfostengleich im Erdboden verwurzelt. Nein! Ihr sollt schon in diesem Leben ein neues Wissen gewinnen und ein neues, erhöhtes und mit stetig stärkeren Wahrnehmungskräften erfülltes Bewußtsein im nächsten Leben. Neues Denken, das immer neue Elemente des Geistes an sich zieht, wird euch zu unterschiedenen Individualitäten machen. Ihr werdet durch die Wiedergeburt aus dem Geiste zu Menschen werden, davon jeder, wie sie einander folgen, einen höheren und feineren Typus darstellen wird.

Das wiedergeborene Leben im physischen Körper bedeutet ein Leben steten Wachstums, ein Leben erhöhter, frischerer Kraft, um die Schönheit der Natur an jedem Morgen mit neuen Sinnen wahrzunehmen. Es bedeutet eine neue Herrlichkeit an jedem Tag, bedeutet Ruhe und Friedsamkeit, die uns innehalten und den Geist empfinden heißen, der den Baum belebt, das Laub, den Ozean, den Bach, den Stern, die Blumen und jegliche Offenbarung des Weltgeistes. Dieses Leben bedeutet den täglichen Zustrom neuer Gedanken, die uns mit neuem Leben erfüllen, es bedeutet die Freude im festgegründeten Glauben und dessen Auswirkung: daß wir Möglichkeiten zur Entwicklung ungezählter neuer Leben in uns haben. Es bedeutet das Vermögen, unser stoffliches Selbst so gänzlich zu überwinden, daß uns jeder Sinn für Zeit schwindet und Langeweile und geistige Ermüdung aufgehoben sind. Es bedeutet die Kraft, ohne Schwerarbeit des Geistes oder Körpers zu leben und ohne jene Ängstlichkeit, die schlimmer ist als Schwerarbeit. Es bedeutet endlich das Empfangen von Genuß und Freude aus allen Dingen. Aus allen Dingen Genuß und Freude empfangen heißt aber, aus allen Dingen Leben empfangen. Und aus allen Dingen Leben empfangen heißt aus allen Dingen Kraft empfangen. Kraft empfangen schließt Beherrschung aller stofflichen Elemente und damit auch die Fähigkeit in sich, dem physischen Körper Dauer zu geben und stete Verfeinerung.

Langeweile ist Krankheit. Wer nicht weiß, was er mit sich anfangen soll, wer versucht, die Zeit totzuschlagen, wen alles öd und schal bedünkt: der hat für einige Zeit den Kontakt mit der großen Quelle des Lebens – mit dem Erhabensten Geist, mit der Erhabensten Kraft verloren. Er gelangt in den Geiststrom all der Gelangweilten hinein, die Tag um Tag und Jahr um Jahr immerfort das gleiche denken, deren Geister Tretmühlen sind und die versuchen, Leben, Erheiterung und Abwechslung einzig aus den Dingen der stofflichen Welt zu gewinnen.

Das wahre, verjüngende Leben kann nicht aus stofflichen Dingen gewonnen werden. Und daraus erklärt sich, warum alles, was mit Geld erkauft werden kann, nicht völlig befriedigt. Das Scheusal der Unzufriedenheit wütet im Palast wie in der Hütte. Salomo lag in den Klauen dieser Bestie, als er sagte: »Es ist alles ganz eitel!« Ein solcher Ausruf lästert den Unendlichen Geist. Jener jüdische König wollte aus Holz und Stein und Metall, aus Fleisch und Blut und allen möglichen stofflichen Dingen Leben und Seligkeit gewinnen. Leben und Seligkeit sind so nicht zu gewinnen.

Aber wem auf Verlangen an den Unendlichen neue Gedanken werden, dem erscheint das stoffliche Ding von gestern wie ein neues Ding von heute. Der Fels, an dem er gestern vorüberkam, trägt ihm heute eine neue Empfindung zu, etwas, das er nicht aussprechen, das er mehr denken als fühlen kann. Myriaden von Gedanken, die uns aus dem Anblick der stofflichen Dinge um uns herum zuströmen, werden so gefühlt, ohne jemals ausgesprochen oder niedergeschrieben werden zu können.

Die Wiedergeburt des Körpers geschieht in Erfüllung unseres zunehmenden Verlangens an die Erhabenste Kraft, uns den Pfad der höchsten Weisheit zu führen. Sie geschieht aus dem Mute, der aus beharrlichem Verlangen unendlich erwächst, so daß wir es wagen, uns jener Kraft völlig hinzugeben. Denn ob dies heutzutage ein Mensch tut, ist zweifelhaft. Wir versuchen wohl, Gott zu vertrauen, doch sind wir einmal in Bedrängnis und sehen die Dinge drohend aus, so lassen wir uns zu leicht verführen, unsere abgebrauchten stofflichen Methoden wieder aufzunehmen und das Übel abzuwenden. Das vollkommenste Vertrauen in die Erhabenste Kraft kann uns nur nach und nach werden. Freilich, ist es uns einmal geworden, so sind wir mehr als Sterbliche, mehr als Menschen.

Wer zu solchem Vertrauen und zu solcher Hingabe gelangt, wird wiedergeboren werden.

Verlange also nach neuem Geiste, verlange nach der Nähe des Erhabensten – und du wirst neues Leben empfangen, und alle Dinge um dich herum werden von neuem Leben und neuem Geiste durchtränkt sein. Du wirst dann in der Linie der Wiedergeburt aus dem Geiste leben.

Vielleicht wird mich einer, der dies liest, fragen: »Ja, was hat denn das alles mit mir zu tun? Es mag ja wahr sein, was du da sagst – aber es liegt ja alles so weit fern im Künftigen und ist ja so sehr ungewiß! Ich möchte etwas wissen, was ich heute gebrauchen kann, was mir heute wohltut!«

Nun, die Idee von der Wiedergeburt aus dem Geiste kann dir, wenn du sie gelten läßt, auch heute schon eine Wohltat sein. Eigentlich kannst du sie nicht mehr aus deinem Bewußtsein tilgen. Und nun wird sie dort, ein winziger Same zunächst, verbleiben und nach Monaten, nach Jahren vielleicht noch kein Zeichen eines Lebens zeigen und vergessen scheinen. Aber sie wird dennoch wachsen und in deinem Geistesleben immer mehr Raum gewinnen. Sie wird nach und nach die Eigenschaft deiner Gedanken verändern und alte und falsche Anschauungen vertreiben und neue an ihre Stelle setzen. Sie wird dich zwingen, immer wieder neuen Freuden des Lebens entgegenzusehen und die trübe Vergangenheit ein- für allemal abzutun. Denn, wie ich des öfteren sagte: wir sind aus unseren Gedanken aufgebaut. Wüßten die Mädchen, daß Eifersucht, Übellaune und Verdrossenheit dem guten Aussehen schaden und den Teint ruinieren, sie würden sehr bemüht sein, sich einer solchen Art Geistigkeit schnellstens zu entwöhnen. Der unendliche Geist des Guten wünscht alle Menschen schön, gesund und wohlgestalt zu sehen, und es ist sein stetes Wollen, Schönheit, Gesundheit und Wohlgestalt zu erhöhen. Er zeigt dies durch den ununterbrochenen Prozeß der Wiedergeburt. Kann er das fortdauernde Leben und die unvergängliche Schönheit nicht in *einer* körperlichen Organisation erreichen, so läßt er sie barmherzig zerfallen, um den Geist einer anderen Organisation zu geben.

Erinnern wir uns nach Möglichkeit, daß jeder unangenehme Gedanke ein schlimmes Ding ist, das wir uns allerwirklichst in den Körper setzen. Sind uns gewisse Menschen unangenehm, mißfällt uns ihr Aussehen, ihr unechtes, gekünsteltes Wesen, ihre Knauserigkeit, ihre Unehrenhaftigkeit, beleidigen uns ihre schlechten Manieren, ihre Grobheit und Gewöhnlichkeit – wohlan: laßt uns versuchen, diese Menschen zu vergessen! Warum denn nun noch eine Stunde lang über sie sprechen und in dieser unwiederbringlichen Zeit alle ihre unangenehmen Züge in unserem Geiste festhalten und an sie – vielleicht noch stundenlang nachher – denken, wenn wir doch wissen, daß die unangenehmen Bilder, die wir im Geiste tragen, allerwirklichste Dinge sind, die sich nun auch in unserem Körper befinden und ihn sehr bedeutend schädigen und herunterbringen.

Wir müssen uns aller dieser Gedanken entledigen.

Eine solche Befreiung ist der Anfang vom Erlangen eines neuen Körpers. Es ist der Weg der wirklichen Wiedergeburt.

Sind wir Sklaven langer Gewohnheit, erkennen wir, daß wir aus eigener Kraft jener schädigenden Stimmungen nicht Herr werden können, sehen wir uns immer wieder in den Strom von Geschwätz, Habsucht oder Neid gezogen: dann können wir alles eigene Wollen aufgeben, um die Hilfe der erhabensten Kraft zu erbitten, auf daß sie uns neue und bessere Gedanken gebe. Die erhabenste Kraft wird uns in Erfüllung unserer Bitte neue und bessere Gedanken, sie wird uns einen neuen Geist geben. Und der neue Geist wird uns den neuen Körper schaffen.

Die Kraft aus der Sonne

Die große Quelle der Kraft und Erneuerung für Geist und Körper heißt Ruhe. Ruht der Geist, ruht der Körper gewiß.

Es gibt eine Wissenschaft der Ruhe. Etwas von dieser Wissenschaft besteht darin, sich gar keiner Sorge hinzugeben und das Denken von allen Dingen abzuziehen, die sonst unseren Geist am meisten beschäftigen mögen. So wird Erholung und Erneuerung lang gebrauchter oder übermüdeter Organe möglich.

Alle Dinge, die wir mit unseren physischen Sinnen wahrnehmen können, haben ihre Gegenbilder in der geistigen Welt. Und Elemente des Geistes sind es, die ihre wirkliche und eigentliche Kraft darstellen.

Die Sonne hat einen Geist, der auf uns und unsere Erde einwirkt. Es gibt eine Sonne, die wir mit leiblichem Auge nicht sehen und die wir mit keinem unserer leiblichen Sinne zu fühlen vermögen. Diese Sonne verhält sich zur physischen Sonne, wie sich unser Geist zu unserem physischen Körper verhält.

Die physische Sonne wirkt auf unseren physischen Körper ein. Die geistige Sonne oder der Sonnengeist wirkt auf unser geistiges Wesen. Und zwar in dem Maße, als unser geistiges Wesen entwickelt ist, den Sonnengeist aufzunehmen.

Wenn du diese Wahrheit vertrauend empfangen willst, wird dir aus der Sonne eine größere Kraft werden als demjenigen, der in ihr lediglich ein Ding der stofflichen Welt, einen Himmelskörper, einen Feuerball erblickt, kurz, du wirst mehr empfangen als der sogenannte ›Materialist‹.

(Es gibt übrigens sehr praktische Materialisten. Sie gehören einer Kirche an, bekennen Religion, fehlen bei keinem Sonntagsgottesdienst – und glauben doch an nichts als an den Stoff, an die Materie.)

Die Sonne und das Element, das sie zu uns niederströmt, ist nicht allein voll Leben, es ist auch voll geistiger Kraft. Es ist durchgeistete Kraft. Die Sonne ist mehr als nur ein Himmelskörper, ein Planet. Sie ist eine mächtige, bewußte Wesenheit, ein Geist. Wenn wir uns deshalb mit schweigendem Gebete jenem Geiste zuwenden, der unsere Erde durchwärmt und Leben aus ihr ruft, dann empfangen wir aus seiner Kraft. Wir empfangen Geist von seinem Geiste, Sonnengeist.

Hohe Weisheit hat im Altertum, dieses Gesetz erkennend, einen Tag von den sieben der Woche der Sonne geweiht. An diesem Tage sollte der Mensch durch Geistes- und Körperruhe erhöhte Kraft aus der Sonne empfangen. Daher der Name Sonntag, Sonnentag, Tag der Sonne.

Spuren dieses Gesetzes und Brauches kamen durch die Sonnenanbeter des Ostens bis auf unsere Tage herauf. Man verstehe mich wohl: ich spreche hier weder für den wunderlichen Glauben der Parsen noch für ihre religiösen Übungen. Aber ich sehe in der Sonnenanbetung wie in jeder anderen Anbetung und Verehrung der vielen Bekenntnisse und Glaubensbräuche den goldenen Faden der Wahrheit, der sie alle durchzieht.

Doch die Sonne ist nur *eine* Quelle der Kraft, aus der wir schöpfen können. Sie ist nur *eine* Form der Offenbarung der erhabensten Kraft. Aber da sind viele, sehr viele andere Formen und Methoden, um Kraft zu gewinnen. Wir werden sie mit der Entfaltung unserer Geister alle finden. Wir haben Zeit genug: die Ewigkeit liegt vor uns.

Anbetung und Götzendienst sind zwei verschiedene Dinge. Anbetung erhebt, Götzendienst erniedrigt. Anbetung bewundert und verehrt die Schönheit einer Blume, die Gewalt des Ozeans, das Leben und die Kraft der Sonne. Ja man könnte sagen, wahre Anbetung bestehe aus Bewunderung und Verehrung. Wer in Bewunderung und Verehrung anbetet, betet Gott im Geist und in der Wahrheit an. Ja, wer so anbetet, nimmt etwas von der geistigen Kraft oder Eigenschaft jener körperlichen Offenbarung des Gottesgeistes in sich auf.

In solchem Geiste bete die Sonne an. In solchem Geiste heilige den Tag!

Gib dich dem ruhigen, wärmenden, erfreuenden Niederstrom des Sonnenelements hin, nicht allein dem Element, das da aus dem strahlenden Himmelskörper niederströmt, sondern zugleich dem verwandelten Elemente, wie es sich als Blume und Laub im Grünen, wie es sich in allem, was da lebt und Kraft aus der Sonne empfing und empfängt, entzückend offenbart.

Das Gebot: »Du sollst den Sabbat heiligen!« schließt höchste Weisheit ein. »Sechs Tage sollst du arbeiten, aber der siebente Tag sei ein Ruhetag, dem Ewigen, deinem Gotte geweiht!« Dem ›Ewigen‹ – nicht dem Zeitlichen!

Ich möchte schließend ein Sonntagsgebet hierhersetzen – nicht, damit man es mechanisch nachbete, sondern damit man daraus erfühle, worauf hier gedeutet werden wollte. Denn Gefühl ist alles. Und nicht der Buchstabe: der Geist ist Leben und Kraft!

Sprich etwa:

»Ich verlange danach, den Geist jenes herrlichen Gestirns zu fühlen, das die Quelle alles Lebens auf der Erde ist. Ich verlange nach Erhellung und Erleuchtung meiner spiritualen Sinne, auf daß ich in der Sonne die gewaltigste Offenbarung des göttlichen und ewigen Geistes erkennen möge. Ich verlange danach, aus allen Formen der Natur, aus Blume und Baum und Tier, die wie ich selbst von den Strahlen der Sonne zum Leben erwärmt werden, Kraft zu empfangen. Ich verlange danach, daß sich mir die Wirklichkeit dieser spiritualen Gesetze immer deutlicher und herrlicher beweise!«

Geistige Unmäßigkeit

Mäßigkeit heißt Kraft richtig gebrauchen. Unmäßigkeit heißt Kraft unrichtig gebrauchen.

Im Zorn gebraucht der Mensch seine Kraft unrichtig, denn er schädigt sich und andre. Zorn ruft ein Element herauf, das unsere Kräfte aufs äußerste anspannt, ja das unseren Körper gleichsam aus den Fugen reißt. Daher die Körperschwäche, die wir nach Anfällen von Zorn und sogar schon während ihrer Dauer fühlen. Maß und Ordnung des Geistes haben uns dann verlassen. Wir sind in den großen Stromkreis des Zornes hineingeraten, sind Empfänger- und Senderstation für die kosmische Kraft des Zornes, ja sind wie Menschen geworden, die Alkohol berauscht hat.

Ungeduld, Unentschlossenheit oder Furchtsamkeit trinkt der Ungeduldige, Unentschlossene oder Furchtsame wie Alkohol in sich hinein. Und nützt sich in qualvoller Stummheit nicht weniger ab als der lärmende Trunkenbold. Ungewißheit – ein andrer Name für Angst! – schwächt die Muskeln und macht sie zittern. Greift den Magen an, erschüttert die Nerven und zerstückt den Geist.

Hellseherischer Betrachtung würde sich zeigen, daß in solchen Zuständen ein Unsichtbares aus unserem Körper will, daß es den Körper flieht, sobald wir dem Schmerz völlig unterliegen. Und daß Ohnmacht eintritt, sobald unser geistiger Wesensteil unsern Körper zeitweilig verlassen hat.

Die schlimmste geistige Unmäßigkeit von heute hat ihren Grund in Eile und Ungeduld. Niemand hat Zeit, jeder drängt und hastet. Jeder will tausend Dinge am liebsten zugleich, gewiß aber in einer Stunde oder in einem Tage getan haben. Jeder versucht oder wünscht zumindest, sie in solcher Schnelle zu tun. Die Hast oder Ungeduld, mit der du am Morgen deine Schuhriemen bindest oder deine Kleider anlegst, mögen sich jeder deiner Tagestätigkeiten mitteilen – du hast jedenfalls gefährliche Kräfte wachgerufen. Denke daran: unsichtbare Drähte verketten alle Ungeduldigen und Übereilten. Und du zählst zu diesen Menschen, die mehr gelebt werden als sie leben. Und denke daran: so gewiß der Fluß zum Meere fließt, so gewiß führen Ungeduld und Hast zu Verärgerung, Reizbarkeit und Übellaunigkeit.

Binde deine Schuhriemen am Morgen mit religiöser, andächtiger Sorgfalt! Daraus wird dir Heil am ganzen Tage. Heil, das sich auch in praktischen Erfolgen offenbaren wird.

Übe die Treue im kleinen!

Die langsamere, würdevollere Bewegung des Körpers, die alle religiösen Bräuche und Riten und Zeremonien aller Bekenntnisse aller Zeiten kennzeichnet – sie waren Absicht einer höchsten Weisheit und sollten ein erster Unterricht sein, dem Menschen den rechten Gebrauch seines Körpers und den Vorteil und die Freude zu lehren, die er erfährt, wenn er auf eine Tätigkeit nicht mehr Geist und Kraft verwendet, als sie benötigt. Denn es ist ein Gesetz des Seins: nur wer sich einer Sache völlig hingibt, dem wird aus solcher Hingabe jene religiös-konzentrative Seelenkraft, die ihn und andre glücklich macht. Und es ist das große Ziel und der Nutzen der Empfindung oder Eigenschaft, die wir Religion nennen: uns und andre glücklich zu machen. Glücklich zu machen durch den rechten und richtigen Gebrauch und die rechte und richtige Verausgabung uns zugehöriger Kräfte.

Alles, was wir mit Ungeduld tun – es sei noch so unerheblich –, kostet uns unnützen Verlust von Kraft oder Geist. Ungeduldig handeln heißt planlos handeln. Ehe du den Hammer schwingst, denkst du den Schlag. Ehe du das Wort sprichst, denkst du seine Tonstärke oder seinen Akzent. Der Tänzer denkt die anmutige Bewegung, ehe er sie uns zeigt. Dies mag mit der Schnelle des Blitzes oder Gedankens vorgedacht sein – vorgedacht ist es. Und solches Vordenken oder Planen schafft Taten, die allen Vergnügen bereiten, weil sie eben recht getan sind. Es ist ein Lohn geistiger Mäßigkeit. Laß sie dir Gewohnheit werden, und du steigerst dir und anderen Kraft und Gesundheit!

Zu den Elementen der Kraft gehören auch: ruhiges Urteil, Verschwiegenheit, Takt und Geschmack. Hast und Eile, Wirrnis und Ruhelosigkeit bringen dich um diese Eigenschaften. Und du unterliegst, wo du hättest siegen können.

Viele Menschen werden von der Gewohnheit gemeistert, ihre Gedanken dem Körper vorauszuschicken. Sie sind schon in dieser Minute, wo sie erst in einer Stunde sein wollen. Solche Menschen verlieren dadurch die Fähigkeit, ihre Gedanken auf eine bestimmte Sache völlig konzentrieren zu können, sie werden zerstreut, werden Windbeutel. Ihr Gehirn hat sich daran gewöhnt, seine Kraft zu zersplittern, und es kann gar nicht mehr anders als sie zersplittern.

Solche Gewohnheit zeigt aber auch den geschwächten Intellekt – nicht, weil der Intellekt von Natur aus schwach ist, sondern weil er die Fähigkeit verloren hat, seine Kraft zu sammeln. Es ist, als ob man eine Million Dollar besäße, diese aber in Päckchen zu zehn Cents über die ganze Welt verstreut wären. Was hilft einem Ingenieur all der Dampf, der in hundert Teekannen erzeugt wird? Gewiß, der vereinigte Dampf all dieser Kannen besäße Kraft genug, um eine Maschine zu treiben – aber wie und wo den Dampf vereinigen, wenn nicht in einem Kessel?

Wir können sein wie solche hundert Teekannen, die immerfort zischen und über eine ganze Stadt verbreitet sind. Oder wir können sein wie der Kessel, der die Kraft erzeugt, mit der etwas geschaffen oder bewegt werden kann.

Der Mangel an Kraft, seine Gedanken auf etwas einzustellen, ist eine der vielen Nuancen des Irrsinns. Ein irrer Geist ist derjenige, der die Kraft verloren hat, seine Gedanken auf irgendein Ding oder irgendeinen Mittelpunkt einzustellen. Oder ein Geist, der, indem er sich nur auf eine Idee einstellt, die Fähigkeit verloren hat, von dieser Idee oder diesem Ding oder Mittelpunkt loszukommen.

Ein starker Geist übt die Kunst des Vergessens. Er vergißt zeitweilig jede Sorge und ist nur der Sache hingegeben, die ihm und andern Vorteil bringt. Ein Beispiel:

Wenn ich um einen Freund, der fort mußte, Tag für Tag trauere, schädige ich mich. Ich verausgabe in Tränen und Gedanken soviel Kraft, daß ich auch meinen Freund schädige, denn wenn ich so seiner gedenke, sende ich ihm einen Strom von Düsternis zu, der ihn bedrückt und quält. Fühlt er diese Verdüsterung, so ist er sehr geneigt, sie weiterzugeben und andre zu bedrücken. Es tut da wenig zur Sache, ob der Freund, um den getrauert und der so getroffen wird, im Diesseits oder Jenseits lebt, sichtbar oder unsichtbar ist. Das Ergebnis ist das gleiche.

Beginne deinen Geist zu beherrschen und deine Kraft zu wirklicher Leistung aufzusparen! Vergeude dich nicht!

Wer ruhig sitzen kann, ohne mit den Fingern zu trommeln oder mit den Beinen zu klopfen, spart Kraft.

Zapple weder körperlich noch geistig. Unruhe am Tage bedeutet Unruhe in der Nacht. Wir müssen die Fähigkeit erlangen, unser Denken gleichsam von einem Geleise auf das andre zu verschieben und die verschiedenen Abteilungen oder Werkstätten unseres Geistes nach Belieben zu öffnen oder zu schließen. Wird in einer Werkstätte gearbeitet, so ist in der andern Feierabend, und sie wird wieder instand gesetzt und blank geputzt.

Geistige Mäßigkeit steigert unsre Kraft unaufhörlich. Schlaf ist Ausruhen, aber nicht das einzige. Rechter Wechsel der Tätigkeit und Meisterung der Gedanken ist nicht weniger Ausruhen. Ja was durch Meisterung der Gedanken gewonnen werden kann, ist unbegrenzt. Wer sie übt, wandelt den Pfad der Meisterschaft. Wer sie nicht übt, zerstört sich.

Denn auch hier gilt das Wort der Schrift: »Wer da hat, dem wird gegeben, daß er die Fülle habe; wer aber nicht hat, von dem wird auch genommen, das er hat.«

Reichtum

Es ist nur recht und notwendig, daß du an den besten Gütern dieser Welt teilhabest. Kleidung, Nahrung, Hausbesitz, Umgebung, Vergnügung – alles, was dir nötig ist und was du liebst, sei für dich da. Güter sind erstrebenswert.

Im Schmutz dahinleben, elende Kleidung tragen, gemeine, minderwertige Nahrung essen, in kahlen oder dürftig eingerichteten Zimmern wohnen oder dort hausen, wo das Auge immerfort Schmutz und Würdelosigkeit schaut – es heißt den Geist verkümmern lassen, heißt ihn darben lassen, ihn beleidigen und niederziehen. Was den Geist schädigt, schädigt den Körper.

Wonach unser höherer und verfeinerter Geschmack verlangt, ist uns auch nötig. Wir fühlen uns wohler, wenn wir inmitten kostbarer Gemälde und Statuen leben, wenn uns vornehmer Zimmerschmuck umgibt, geschmackvolle Architektur. Es erhöht unser Lebensgefühl, wenn wir, so oft es uns beliebt, ›in the best style‹ ein Theater aufsuchen, ferne Länder bereisen und fremde Völker kennenlernen können. Ein eigener Wagen ist sehr schätzbar, und wenn wir gar noch über die Mittel verfügen, unsre Freunde bei uns aufzunehmen und uns so unter den glücklichsten Verhältnissen die schönste Geselligkeit und erquickendste Erholung zu schaffen, dann ist's um so besser. Wo die Kostspieligkeit eines Genusses unüberbrückbar zwischen dem Menschen und dem Genuß steht; wo die Freude ein Leben lang geschaut und ersehnt und doch nicht genossen werden kann; wo gern geübter Gastfreundschaft entsagt und auf Erholung Verzicht geleistet werden muß, so daß Geist und Körper an Ruhe nicht erlangen können, was ihnen nötig ist: dort herrscht enges, dürftiges, verkümmertes Leben.

Hunger jeder Art ruft Ausschweifung hervor. Der hungernde Mensch überißt sich. Er ißt, wenn nichts Besseres da ist, schimmeliges Brot und verdorbenes Fleisch. Wer gesunde Nahrung abweist, verlangt endlich nach ungesunder Nahrung. Es ist die Nahrung unzüchtiger Vergnügungsstätten, wo ein verirrter Geschmack in Genüssen schwelgt.

Die Verfeinerung der Lebensführung wird von jener Klasse geschaffen, die am wohlhabendsten ist und deshalb Muße hat, das heißt müßig sein kann. Es ist die Klasse, die am besten bezahlt und deshalb die Kunst fördert. Die feinen Formen der Lebensführung erlangt nicht, wer sich plagen und schinden muß. Daher denn auch die gröbsten Elemente unter der schwer arbeitenden Klasse zu finden sind. Roheit, Pöbelhaftigkeit und Niedrigkeit sind gern dort, wo sich Menschen überarbeiten.

Daß Reichtum mißbraucht werden und Verfeinerung zur Verweichlichung entarten kann, ist kein Beweis gegen den großen Nutzen und die Notwendigkeit des Besitzes und weisen Genusses des Besten, das die Erde hervorbringen und menschliche Kunst und Geschicklichkeit schaffen kann; mit andern Worten: des Besten vom Besten, das wir für einander tun können; und was im kommenden Himmelreich, das ein Reich auf Erden sein wird, Männer und Frauen freudig für einander tun werden, wenn auch nicht ohne System, ohne Ordnung und ohne die Erkenntnis und Anwendung des Gesetzes, daß ein rechtschaffenes, religiöses Geben und Empfangen von Annehmlichkeiten darin besteht, daß der Geber jeweils durch das, was er von anderen empfängt, befriedigt wird.

Ist es nicht unser Vorteil, wenn alle Dinge um uns herum von möglichster Schönheit und Sauberkeit und fein aufeinander gestimmt sind, so daß, was immer unser Auge schaut oder unsre Sinne fühlen, uns Freude schafft? Jeder angenehme Gedanke ist eine Kraft, die uns gut tut. Oder ist es für Geist oder Körper Gewinn, von widerlichen, unsauberen Dingen umgeben zu sein, die hart und spitz anzusehen, verraucht, staubzerfressen und modrig sind und jeden Gedanken, den ihr Anblick weckt, zu einem unangenehmen Gedanken machen? Solche Kraft verwundet und schädigt dich.

Es liegt kein Verdienst darin, arm zu sein oder nach Armut zu verlangen. Armut und Entbehrung bringen die Anlagen junger Leute nicht zu schnellerem Wachstum, wie manche meinen. Da könnte man ebensogut behaupten, die Pflanze, der Luft, Erde, Wasser und Sonnenschein entzogen wird, werde um so schneller eine gesunde, fruchttragende Pflanze. Starke, gedankenreiche Geister haben sich über die Armut und ihre Hemmnisse erhoben, aber manch bedeutenden Geist dessen Name unbekannt blieb, hat die Armut getötet. Die führenden Männer der amerikanischen Revolution, wie Washington, Jay, Adams, Hancock, Morris, waren verhältnismäßig reich oder wohlhabend – sie hätten auch kaum jene spirituale Kraft entfalten können, die Amerikas Sache zum Erfolg führte, würde sie die unaufhörliche Schwerarbeit armer Leute belastet haben.

Ideen – und gerade die allerfeinsten und reifsten –, große Werke und Erfindungen werden dort geboren, wo Ruhe und Muße reichlich gegeben sind. Christus sagte seinen Jüngern: »Traget keine Beutel noch Taschen!«, aber er verbot ihnen nicht, sich aller erfreulichen Dinge zu erfreuen. Unter ›Beutel und Taschen‹ verstand er die alten, stofflichen Methoden des Erwerbs der Dinge, deren sie bedurften. Er wollte sie einzig spiritualen Gesetzen unterworfen wissen, wollte sie einzig von ihrer eigenen spiritualen Kraft abhängig sehen, denn er wußte, daß diese Kraft die besten Dinge heranbringen werde, die sie nötig hatten.

Gewisse alte Sprichwörter bekräftigen die Ansicht, daß Fleiß zum Wohlstand führe. Fleiß allein führt nicht zum Wohlstand. Tausende von Menschen sind fleißig und doch ihr ganzes Leben lang arm. Es ist von entscheidender Wichtigkeit, wo und worauf du deinen Fleiß verwendest. Fleiß mit wenig Gehirn sägt Holz, schaufelt Kohlen und bringt sich fort. Fleiß mit mehr Gehirn kauft einen Waldbestand, mietet Holzfäller und Sägeleute, überwacht sie fleißig und verkauft mit gutem Gewinn.

Sparen allein tut's auch nicht. Tausende von Menschen sparen und knausern, versagen sich Luxus und Notwendigkeit, legen Pfennig zu Pfennig – und sind ihr ganzes Leben lang arme Menschen. Sie nennen es Sparsamkeit, wenn sie eine Meile zu Fuß gehen, um den Pfennig für die Fahrt nicht ausgeben zu müssen – und verbrauchen dabei an Kraft und Krafteinsatz so viel, daß diese, richtig angewendet, zehn Dollar eingebracht hätten. Sie lassen dabei auch ihre Körper darben und versagen sich nahrhafte Speise, leben vom Billigsten, schlafen in kahlen, feuchten Zimmern, um ein Lächerliches zu ersparen – und ziehen sich dabei Krankheit und Hinfälligkeit zu.

Das ist unrichtige Sparsamkeit. Solche Sparsamkeit ist schlimmer als schlimmste Verschwendung, denn diese kann immerhin kurze Freude gewähren. Jene Art zu leben schafft aber nur Übel, nichts als Übel, und was sie erreicht, ist Verlust. Hunderte, wenn nicht Tausende dieser Menschenklasse werden Opfer spekulierender Abenteurer. Ihr mühsam zusammengedarbtes Kapital füttert irgendein unmögliches Unternehmen, das immer nimmt und niemals gibt.

»Early to bed and early to rise make men wealthy« – ist der alte englische Spruch, der Frühaufstehern Wohlstand verheißt, ein Wahrspruch? Hat die Morgenstunde wirklich Gold im Munde?

Wer erhebt sich am zeitigsten und geht am zeitigsten zu Bette? Tausende und aber Tausende armer Menschen! Im Dämmergrau des Wintermorgens eilen sie an die Arbeit, während die Finanzkönige der Welt sich um acht Uhr erheben, um neun Uhr frühstücken, um zehn Uhr das Bureau aufsuchen, um es um drei Uhr am Nachmittag wieder zu verlassen und sich dann vielleicht bis zur Mitternacht zu erholen. Sie würden den Geldmarkt auch gar nicht beherrschen können, wenn sie nicht so lebten wie sie leben. Sie müssen dem Körper als dem Instrument des Geistes Muße und Ruhe gönnen, damit er sich, erholt, jener Kraft bediene. Wir erkennen also, daß die alten Wahr- und Ratsprüche, wie Wohlstand zu erwerben sei, nicht wasserdicht sind. Mit mancherlei Ergänzung genommen, mag ihnen ja einige Richtigkeit innewohnen, aber sie sind doch nur Wesensteile des einzig wahren spiritualen Gesetzes, das uns die Fülle und Überfülle schafft.

Materiellen Wohlstand gewinnt, wer ein bestimmtes spirituales Gesetz befolgt. Auch kann auf gewisse Art, durch menschlich-spirituale Kräfte, Wohlstand gewonnen werden. Es ist kein neues Gesetz. Es wurde und wird auch heute noch von Menschen unvollkommen angewendet, die zu Wohlstand kamen oder kommen. Aber es gibt eine vollkommenere Anwendung dieses Gesetzes, wodurch der Mensch nicht nur Wohlstand erlangen kann, sondern auch noch Gesundheit und die Fähigkeit, den Wohlstand zu genießen. Aus diesem Gesetze, weise und verständig befolgt, kannst du so gut Nutzen ziehen wie jeder andre Mensch, der klargeistig genug ist, es zu erkennen.

Christus sprach das spirituale Gesetz, dem seine Jünger vertrauen und Sorge für alles Angenehme und Notwendige und Köstliche des Lebens überlassen sollten, mit den Worten aus: »Trachtet am ersten nach dem Reich Gottes und nach seiner Gerechtigkeit, so wird euch solches alles zufallen!« – Im Reiche Gottes oder des spiritualen Gesetzes sind die Methoden ›solches alles‹ zu erlangen, wesentlich verschieden von den Methoden der ›Beutel und Taschen‹. Diese Methoden kennen kein Sparen und Darben, sie schädigen weder Geist noch Körper, wie die Methoden der materiellen Welt es tun, wenn es um Geldbesitz geht, der übrigens, so erlangt, nur um den Preis schrecklicher Gestehungskosten des Besitzers zu erlangen war. Nein, die Methoden des Reiches Gottes sind das Gegenteil von ›Beutel und Taschen‹ und all dem, was dem Stoff untertan ist.

Heute ein Geist mit physischem Körper, bist du ein Teil Gottes oder der unendlichen Kraft des Guten. Dir sind Kräfte eigen, die, wenn auch heute erst im Keime da, wachsen und wachsen, wie sie in aller Vergangenheit wuchsen und wuchsen, in unermeßlichen Zeitläuften, bis sie endlich den gegenwärtigen Stand erreichten. Diese unsichtbaren Kräfte erkennen und verständig gebrauchen, heißt Erkenntnis des spiritualen Gesetzes erlangen und es recht beherrschen. Es trägt alles Gute heran. Du kannst diese Kräfte unbewußt auch so gebrauchen, daß sie dir Schlechtes bringen und Schädigung. Diese Kräfte sind deine täglichen, stündlichen Gedanken. Laß du sie in eine Richtung wirken – und sie tragen dir Gesundheit heran und alle Güter dieser Welt, daß du dich ihrer bedienst und erfreust, nicht aber sie aufhäufst! Laß deine Gedanken in eine andre Richtung wirken, und sie schaffen dir Krankheit und Armut!

Jeder deiner Gedanken ist eine Kraft, wirklich wie der elektrische Strom.

Die Gedanken, die du eben denkst, formen dir Antlitz und Körper und wirken auf deine Gesundheit zum Guten oder Schlechten, lassen dich Geld gewinnen oder verlieren.

Wer Armut denkt, sendet eine tätige Kraft aus, die Armut schafft. Wer sich der Vorstellung hingibt, er werde ärmer und ärmer, wer bei jeder gewagten Sache sein Geld zu verlieren fürchtet und sich auf solchen Verlust suggestiv bereitet, wer, wenn er zur Geldbörse greifen muß, ein Herzbeben erleidet, ruft durch Naturkraft oder spirituales Gesetz unvermeidlich Armut heran. Was unser Denken beherrscht, erreicht uns als stoffliche Wirklichkeit. Wer in der Massenschlafhalle, geringe Gebühr zahlend, nächtigt und jeden Morgen und jede Nacht sich sagt: »In dieser kahlen Höhle werde ich wohl noch mein Leben beschließen« – wer so denkt, schafft durch solch trost- und mutverlassenes Denken im unsichtbaren Reich des Geistes eine Kraft, die ihn in dieser Schlafhalle und in niederer Lebensschicht festhält. Wer sich aber sagt und beharrlich immer wieder sagt und, soweit er es vermag, in einem Geiststande verbleibt, der ihn befähigt, zu denken: »Ich bejahe diesen Raum als flüchtige Unterkunft. Ich wünsche eine bessere und nachher eine noch bessere und alles übrige besser und immer besser«: wer das denkt und wünscht, schafft durch die geheimnisvolle Wirksamkeit seiner eigenen Gedankenkraft das Bessere heran. Er hat dann einen Magneten in Kraft gesetzt, der, wenngleich unsichtbar, doch so wirklich ist wie der natürliche Magnet. Dieser unsichtbare Magnet zieht alles Bessere heran. Und wer im rechten Geiststand verharrt, wird finden, daß er mählich aus der Schicht der kleinen, erfolglosen Leute fortgelangt, um Menschen gesellt zu werden, denen das Leben gelingt und die höher und breiter und weiter streben.

Der Lastträger, der etwas denkt, plant, will und mit Vorstellungskraft nach etwas Ausschau hält, das höher ist als Lastträgerschaft, er geht den sicheren und einzigen Weg, der zum Besseren führt. Andauerndes Verlangen und Begehren nach dem Besseren ist die wirksame Kraft, welche die Entwicklung vom Niederen zum Höheren geschehen läßt. Es ist die Kraft, die in der ganzen Natur am Werke ist und am Werke war – im Baum, Tier und Menschen, in allen Formen des Geistes, die als physische oder sichtbare Organisationen in Erscheinung treten – und es ist die Kraft, dieses Wünschen und Verlangen, die unsern Planeten aus dem Urstande zu seiner gegenwärtigen verbesserten und verfeinerten Beschaffenheit heraufgeführt haben. Es war dieses Wünschen, dieses fast unbewußte Gebet, das in ungezählten Zeitaltern die schwerfälligen, sich langsam hinschleppenden, plumpen und riesenhaften Vögel und Tiere einer vorgeschichtlichen, menschlichen Vergangenheit nach und nach in flinkere, anmutigere Formen des tierischen Lebens verwandelte. Denn ich spreche auch dem Vogel und Tier, dem Fisch, Reptil oder der Pflanze mehr oder weniger Geist und Seele zu, und ich spreche ihnen den Wunsch des Geistes zu, Gebetskraft. Es ist das gleiche Wünschen und Bestreben, das gleiche Begehren und Verlangen des Geistes wie es allen Formen des physischen Lebens eignet: Alles will von den Fesseln und Hemmnissen des Stoffes befreit werden – und eine Zukunft wird denn auch Pflanze, Baum und Tier zu feineren und freieren Formen umwandeln. Sie wird Männer und Frauen zu Kräften machen, die unbegrenzbarer und immer höherer Seligkeit, die einer Schönheit und Größe zubestimmt sind, die heute weder begriffen noch gedacht werden können. Denn die weiteste Schau menschlicher Einbildungskraft verhält sich zu dem, was es im Weltall gibt und was es an Wundern und Möglichkeiten birgt, wie sich der Tropfen zum Meer verhält.

Theologie nennt solches Wünschen, Begehren und Verlangen ›Gebet‹. (Betone die erste Silbe, und du hast den Imperativ des Verbums: geben!) Und wirklich ist das Gebet die große, erhebende und emportragende Kraft im Weltall. Wer nach einem Ding verlangt oder begehrt, betet um dieses Ding, das heißt, setzt eine Kraft in Wirksamkeit, die jenes Ding heranschafft. Wir können so unbewußt um kleine oder große, um gute oder schlechte Dinge beten. Unser Gebet wird sich erfüllen. Wer um Armut betet, wird arm werden. Wer um Reichtum betet, wird ihn erlangen. Man könnte sagen, unser Gebet habe uns zu dem gemacht, was wir sind.

»Mensch, was du liebst, in das wirst du verwandelt werden;
Gott wirst du, liebst du Gott, und Erde, liebst du Erden!«

– das sagt der Mystiker der katholischen Kirche Angelus Silesius. Die Kraft des Gebets gehört uns durchaus zu, mir mein Teil, dir dein Teil. Jedem ist sein Teil zugemessen. Und dieser Teil, dieser Anteil, er wächst und wächst, und sein Wachstum kann so wenig zum Stillstand gebracht werden, wie die Verbesserung und Verfeinerung dieses Planeten zum Stillstand gebracht werden kann. Denn ich und du, wir gehören allerwirklichst diesem Planeten zu, der kein toter, irdener Ball ist. Es gibt in der ganzen Natur keinen Tod. Die Erde ist eine lebende, bewegte, wachsende Offenbarung eines gigantischen Geistes, genau wie unser physischer Körper die sichtbare Offenbarung und das Instrument unsrer eigenen, unsichtbaren, geistig-seelischen Wesenheit ist.

Christus war nicht arm an Gütern dieser Welt. Er konnte durch die Kraft des Gedankens oder durch spirituale Kraft aus den Elementen Wein und Speise für sich und andere herbeischaffen. Er konnte sich aus Schiffbruch und Ertrinkungstod retten, wie kein Geldmann der Welt es je vermocht hätte oder vermöchte. Er konnte den Elementen befehlen und alles herbeischaffen, dessen er bedurfte. Er konnte es durch eine höchste, gesammelte Kraft des Gedankens, durch Geisteskraft.

Wir besitzen jeder keimhaft die gleiche Kraft. Sie wird heute in verschiedene Kanäle abgeleitet. Sie sichert jenen, die sie – vielleicht unbewußt – üben und wirken lassen, Geld und Besitz als Ergebnisse. Sie wirkt nicht so schnell, wie sie bei Christus wirkte; aber die Kraft, die einem Jay Gould Millionen zubringt, ist eine spirituale Kraft, die, abgesondert und häufig sogar fern von seinem Körper, am Werke ist; es ist eine Kraft, wie Feuer und Elektrizität Kräfte sind. Wird sie nicht aus edelstem Beweggrund und zum Besten aller gebraucht, so bringt sie jenen, die sie gebrauchen, zur erfüllten Zeit, großen Schaden – sei es nun im diesseitigen oder jenseitigen Leben.

Hierin liegt ein Teil des spiritualen Gesetzes, kraft dessen du erlangen kannst, was dir rechtmäßig gebührt. Es ist ein ganz allgemeiner Vorwurf gegen Geistliche, daß sie nur um des Geldes willen oder gegen Bezahlung predigen. Der Beruf des Priesters ist auch ein Geschäft. Er hat den Menschen eine kostbare Ware zu vermitteln oder sollte sie ihnen doch zu vermitteln haben. Darum ist es nur recht und billig, daß ihn die Menschen nach Maßgabe des Wertes der Ware, die er ihnen gibt, ihrerseits schadlos halten. Wäre es nicht ungerecht, wollten wir bei einem Geschäfte vom andern etwas verlangen, wofür wir nichts oder so gut wie nichts gegenleisten? Wenn wir einen Mann jeden Sonntag reden hören, und das, was uns der Mann sagt, interessiert und stärkt, und wir fortgehen, ohne etwas zum Lebensunterhalt dieses Mannes beigetragen oder doch wenigstens den Wunsch verspürt zu haben, es zu tun, dann haben wir genommen, ohne zu geben. Doch schon unser aufrichtiger und ernsthafter Wunsch, den Mann für seine Mühe zu entlohnen, wenn es auch keine geldliche Entlohnung sein kann, ja schon dieser unser Gedanke der Entlohnung ist eine Kraft, die dem Manne gut tut. Wer aus solchem Wunsche auch nur einen Pfennig gibt, trägt dem Prediger mit diesem Pfennig eine Geisteskraft zu, die Gutes wirkt und mehr zählt als die Tausender, die widerwillig gegeben werden. Die arme Witwe, von der Christus spricht, hatte ihr Scherflein freudig in den Gotteskasten gelegt, und so hatte sie mehr eingelegt »denn alle, die eingelegt hatten«. Eines Predigers Geist und Talent können uns gleich einer Mahlzeit, für die wir bezahlen müssen, Genuß und Segnung sein. Bezahlung ist nötig, wenn wir das Evangelium guter Kochkunst erfahren wollen, und so sollten wir gar nicht versuchen, irgendein Evangelium kostenlos zu empfangen. Wir würden uns sicher schämen, tagtäglich eines Menschen Gast zu sein und bei ihm die gewähltesten Speisen zu genießen, ohne ihm auch unserseits etwas dafür zu bieten. Es würde uns beschämen, sehen zu müssen, wie jener Mann verarmt und sich Annehmlichkeiten, die ihm nötig sind, versagt, nur um uns die gewähltesten Speisen vorsetzen zu können. Wir würden ihn gewiß einen unweisen Mann nennen, wenn er es wirklich täte. Und wirklich sind jene Männer unweise, die als ihre Pflicht erachten, zu predigen oder ein Evangelium umsonst zu verkünden. Ihre Sünde ist ebenso groß wie die Sünde derer, die die Predigt umsonst anhören.

Wer auf die Straße geht und aus reinem Wohlwollen, aus reiner Liebe den Leuten seine Zeit und Kraft schenkt, wird ein Armer werden an Geist und Körper. Es ist den zwölf Aposteln nicht gesagt worden, daß sie dies tun sollten. Es ist ihnen vielmehr gesagt worden, daß sie jedes Haus und jede

Stadt, von der sie nicht geziemend aufgenommen würden, verlassen sollten. Es ist ihnen gesagt worden, daß sie dort, wo ihnen solches geschieht, den Staub von den Füßen schütteln sollten als ein Zeichen gegen das Haus oder die Stadt. Wo nicht recht gegeben wird, wird auch nicht recht empfangen. Es gibt welche, die sagen: »Vertraue auf Gott und diene ihm!« Ihnen sei geantwortet: Jeder Art Dienst an der Menschheit – er sei Religion, Kochkunst, Hausbau oder rechtschaffener Warenverkauf –, jeder solcher Dienst ist genau so Dienst im Geist des Unendlich-Guten wie die Predigt des Wortes. Vertrauen auf Gott heißt nichts andres als: Gottes Gesetze befolgen. Es ist das Gesetz der Gerechtigkeit und der Vergeltung, der Leistung und der Gegenleistung.

»Geben ist besser denn nehmen!« steht in der Schrift. In gewissem Sinne ist es auch besser. Dem Freigebigen, Edelmütigen ist's erfreulicher, den Freund zu bewirten, das Festmahl zu richten und die Not der Menschen zu lindern, als selbst bewirtet zu werden, am Festmahl des andern teilzunehmen oder selbst auf milde Gaben angewiesen zu sein. Zwar hat Christus kein Gebot gegen das Nehmen erlassen. Wo einer gibt, muß der andre nehmen. Der Schenker bedingt den Beschenkten. Wichtig sind beim Geben Maß, Methode und Voraussicht. Wer diese übt, wird aus immer vollem Vorrat den Brunnen der Wohltätigkeit spielen lassen können.

Die Sonne selbst muß erst Feuchtigkeit aus See, Fluß und Meer saugen, ehe die Wolke diese Feuchtigkeit der Erde wiedergeben kann. Und solch wohlgeordneter, systematischer Ausgleich zwischen Nehmen und Geben besteht im ganzen Reich der Natur.

Gewinn und Verlust im Verkehr mit Menschen

Die unsichtbare Substanz ›Geist‹ nehmen wir einer vom anderen auf. Indem wir sie aufnehmen, vermischen wir unseren Geist, unser Denken mit dem Geist und Denken des anderen. Wir denken dann zum Teil so wie jener andere. Wir schauen, fühlen, urteilen wie er. Wir werden von seinem Einflusse mehr oder weniger beherrscht, wir sind nicht mehr ganz wir selbst, sondern ein Teil von uns ist gleichsam jener andere Mensch. Es wirkt da eine Kraft auf uns, die mesmerischen, magnetischen Charakter hat, zumindest wirkt sie durch ein ähnliches Gesetz. Wenn wir mit jenem anderen Menschen viel verkehren und wenig andre Menschen sehen, wenn wir selten mit uns allein und uns selbst gegeben sind, dann nehmen unser Geist und Denken jenes Menschen Geist und Denken immer mehr in sich auf. Und dies wird uns Förderung und Wohltat, wenn Geist und Denken jenes Menschen an Wollen und Feinheit edler und höher sind als unsre Art Geist und Denken. Aber die untergeordnete Geistigkeit des anderen Menschen schadet uns. Es gilt das Wort: »Schlechte Gesellschaft verdirbt gute Sitten.« (Die ›guten Sitten‹ kehren wieder. Verlasse jenen Menschen: dein eigentlichstes Wesen kommt wieder herauf!)

Mit vergrämten oder mutlos-kleinlichen Menschen Verkehr pflegen, mit verärgerten oder leicht erregbaren, mit galligen oder zweifelsüchtigen Menschen oft zusammenkommen, ist ungesund. Jederlei Schlecht- oder Schädlichdenken ist ungesund. Sei du so zuversichtlich, entschlossen und mutig wie du nur sein kannst, du wirst, wenn du mit solchen Menschen verkehrst, ja doch etwas von ihren Zweifeln, ihrer Unentschlossenheit und Feigheit abbekommen. Dein Denken und Wollen wird gleichsam befleckt. Du wirst das Extragewicht feigen und unentschlossenen Denkens deinem mutigen Entschlusse zuzulegen haben. Welcher Art das schlechte Denken des andern auch sei, es überträgt sich mehr oder weniger auf dich.

Nun mußt du aber vom Geist oder Denken des anderen weder beeinflußt noch beherrscht oder überwacht sein, wenn du ernstlich darnach verlangst, es nicht zu sein. Ein solches Verlangen ist das Gebet. Das Gebet ist das Verlangen deines Geistes, von allem frei zu werden, was dir Kraft und Glück herabmindern kann. Kraft und Glück bedeuten das gleiche. Kraft bedeutet das Vermögen, eine Stimmung der Freude und des Glücks in Geist und Seele zu erhalten. Hast du diese Kraft einmal gewonnen, bist du Herr an Geist und Seele, so wird sich dir am physischen Plan des Lebens alles von selber formen und zu dir kommen in Gemäßheit deiner Herrlichkeit. Das Gesetz der Übereinstimmung zwischen den Dingen der stofflichen und den Dingen der geistigen Welt ist in seiner Auswirkung von wundervoller Genauigkeit. Menschen, die in Schwermut leben, sehen alle Dinge in Schwermut, sie machen alle Dinge zu Dingen der Schwermut und Trauer. Der Leidende zieht den Leidenden an. »Geteiltes Leid ist halbes Leid.« Aber den Menschen, die immer verzagt und verzweifelt sind, gelingt gar nichts. Sie leben sich selber und andern zur Last. Der Mensch der Hoffnung und Zuversicht und Heiterkeit, er ruft die Elemente des Erfolges heran und sie gehen mit ihm. Daher die Worte: »Wer schaffen will, muß fröhlich sein!« oder: »Mit dem Fröhlichen ist Gott!« Eines Mannes Vor- oder Hausgarten wird durch die Art, wie er gehalten ist, die geistige und seelische Verfassung des Mannes anzeigen. Eine Frau zeigt durch ihre Kleidung, wes Geistes und welcher Seele sie ist. Fetzen, Lumpen und Schmutz sind immer zuerst im Geiste, ehe sie am Körper sind. Das Denken, dem du meist ergeben bist, zieht das übereinstimmende sichtbare Element an dich und kristallisiert es in dir so sicher und tatsächlich wie das sichtbare Stück Kupfer, in die Lösung getan, das unsichtbare Kupfer jener Lösungen an sich zieht und kristallisiert.

Wer Verfall denkt, züchtet Verfall im eigenen Körper. Er wird schlechtes Blut bekommen. Schlechtes Blut ist die Ursache vieler Krankheiten. Er hat sein Blut durch die Unreinigkeit seines Denkens unrein gemacht. Der Geist ist das Leben des Blutes. Der Geist ist dein Denken. Was du denkst, fließt aus deinem Geiste, was du denkst, baust du in deinen Geist hinein. Unreines oder verderbtes Denken bedeutet weit mehr als unzüchtiges Denken. Es bedeutet, von andern häßlich denken, an andre mit Haß oder Unliebe denken. Es bedeutet Denken an Gewinn auf Kosten andrer. Es bedeutet, ohne Mut, hoffnungslos und traurig denken. Es bedeutet lang getragenen Kummer über jeden Verlust, bedeutet jeden Gedanken, der den Geist niederzieht. Was den Geist niederzieht, wird immer auch dem Körper schaden. Sich über den Verlust eines Freundes grämen, bringt ebenso herunter wie das, was man ein ›unmoralisches Leben‹ führen heißt. Der Schaden, den der Körper nimmt, kann ebenso groß sein. Deshalb ist auch die Sünde ebenso groß. Menschen, die sich ärgern, sind große Sünder. Sie schaffen sich einen gereizten Geist, der Ärger wird ihnen zur festen Gewohnheit, die zu überwinden ihnen immer schwerer fällt. Ärger reißt den Körper in Stücke und tötet vielleicht. Solche Menschen sind also ebenso schuldig wie die Opfer irgendeiner abscheulichen Krankheit, die durch sogenanntes Laster entstand. Jede Gewohnheit, die Schaden bringt, ist ein Laster. Gewiß, manche Krankheiten sind sozusagen ehrenwerter als andere. Schwindsucht klingt besser als Säuferwahnsinn. Aber beide töten den Körper. Beide entstehen durch Übertretung des Gesetzes. Und beide sind Strafgelder, die für diese Übertretung gezahlt werden müssen.

Jeder deiner Gedanken hat für dich auf jede mögliche Weise wirklichen Wert. Die Kraft deines Körpers und Geistes, dein Erfolg in deinem Unternehmen, das Vergnügen, das deine Gesellschaft anderen bereitet, alles das hängt von der Beschaffenheit deiner Gedanken ab. Jeder deiner Gedanken ist ein Teil von dir und wird von anderen als dieser Teil empfunden. Du brauchst nicht immer zu sprechen, um ein angenehmer Gesellschafter zu sein. Die Menschen, die um dich sind, werden dich angenehm empfinden, wenn du angenehme Gedanken denkst. Du brauchst auch nicht immer zu sprechen, um unangenehm empfunden zu werden. Die Menschen werden dich unangenehm empfinden, wenn du unangenehme Gedanken denkst. Die magnetische Kraft der Menschen ist ihr Denken, ihre Geistigkeit. Trauer, Eifersucht, Spott oder Zynismus stoßen ab. Freude, Hoffnung, der ernste Wille, jedem, den du triffst, Gutes zu tun, und sei es auch nur für die Minute, eine solche Geistigkeit zieht an.

Wichtiger als was du redest, ist, was du denkst. Denkst du hell, klar, rein, zuversichtlich und vertrauend, dann bist du ein Wert, ja, ein immer zunehmender Wert, wo immer du hingehst. Die Menschen werden sich immer freuen, dich zu sehen. Du bringst ihnen Freude und Kraft, du stärkst sie auch körperlich. Sie fühlen sich besser, wenn sie dich sehen. Du bist für sie ein Brunnen der Gesundheit und Erquickung und du kannst so die sauerste Laune und deinen finstersten Gegner entwaffnen. Wenn du im Geiste sagen kannst: »Ich weigere mich, irgendeinen Menschen als meinen Feind zu betrachten«, dann wirst du keine Feinde haben. Wenn wir von ›Feinden‹ sprechen, die wir ›haben‹, und wenn wir fortfahren, im Geiste gewisse Menschen als unsre Feinde zu betrachten, dann machen wir sie zu unsern Feinden, weil solche Menschen die Eigenschaft unsres Denkens spüren. Es ist ein Element, das ihnen zuströmt und sie unangenehm berührt. Strömt ihnen aber dein Denken zu: »Ich bin nicht dein Feind. Ich will nicht unangenehm gegen dich fühlen –

ich möchte dich mehr lieben, als ich es tue«: dann werden sie bald diesen Gedanken fühlen. Sie können seiner Kraft nicht widerstehen. Denn der Gedanke des Guten ist immer stärker als der des Übels. Das ist ein Gesetz der Natur.

Das Wesentlichste in der Kraft und im Zauber des geistigen Wesens eines Menschen kann mit den Worten angedeutet werden: »Ich möchte dir helfen wie immer ich es vermag. Ich möchte dir helfen, dich aufzubauen. Ich möchte dir zu besserer Gesundheit verhelfen, zum Erfolg in deinem Unternehmen. Ich möchte dir zu dem Platze hin helfen, zu der Stelle, an der deine Gaben am hellsten sich zeigen werden.« Ist ein solches Denken aufrichtig und ernst gemeint, dann trägt und bewegt es unermeßliche Kräfte. Der gute Wille jedes Menschen, dem du so begegnest, den du so an dich ziehst, ist wie ein unsichtbares Bächlein des Lebens, das dein Leben nährt. Es ist das Bächlein einer Substanz, die, obgleich unsichtbar, so wirklich ist wie die Elemente, die wir sehen. Der gute Wille, das Wohlwollen anderer für uns ist Denken, das aufbaut. Der Mensch, der uns wohlwill, baut uns auf. Wohlwollen tut unseren Körpern gut, es macht unser Blut reiner, unsere Muskeln stärker, ja es bildet unsere Form zur Wohlgestalt um. Es ist das wahre ›Elixier des Lebens‹. Je mehr du von diesem Denken, von diesem Geisteselement in dich aufnimmst, um so mehr Leben wirst du haben. Du nimmst dann von den Menschen, mit denen du verkehrst, die besten Elemente in dich auf. Doch wenn du das Wohlwollen der Menschen mit Übelwollen vergiltst, wenn der Strom deines Geistes dem Guten entgegen ist, dann vergiftest du die Elemente und sie werden dich zerstören. Viele Menschen haben sich schon zu Tode gehaßt. Auch kann der Böswille vieler, der sich auf einen einzigen Menschen vereinigt, die Gesundheit dieses Menschen sehr schädigen, ja, er kann ihn töten. Aber er kann gar keinen Schaden tun, wenn ihm mit dem Denken und Wollen des Guten begegnet wird, mit dem Wunsche: Gerechtigkeit zu üben. Denn die Gerechtigkeit muß mit dem Wohlwollen

Hand in Hand gehen, dann kann ihnen nichts und niemand widerstehen. Wenn du im Wohlwollen für alle beharrst dann verbindest du dich mit einer höheren und mächtigeren Geisteswelt; du empfängst dann aus jener Geisteswelt eine größere Kraft als du jetzt nutzbar machen kannst. Du verbindest und verbündest dich dann mit einer Welt, die nichts tut als aufbauen, deren Bewohner Götter sind an Kraft, und deren Schöpfungen, nach ihrem Belieben unsere kühnsten Träume übertreffen. Alles, was die Fabel oder Phantasie gedacht und gedichtet hat, ist in höheren Geistes- und Seelenreichen Wirklichkeit. Wenn du deshalb im Wohlleben für alle lebst, wirst du gleichsam ein Bürger jener Welten und empfängst aus ihnen mächtige Kraft. Du bist dann durchaus sicherer gegen jeden Feind.

Das ist nicht etwa Erfindung oder Mythos des Gefühls. Nein, hier walten die gleichen Gesetze, durch welche die Sonne Wärme gibt, der Wind bläst, der Same wächst und die Gezeiten sind. Wie dein Geist, so der Geist, den du empfängst. Das ist ebensosehr Gesetz der Chemie wie Gesetz der geistigen Welt. Die Chemie ist nicht nur auf die Elemente beschränkt, die wir sehen. Der Elemente, die wir mit leiblichem Auge nicht sehen können, sind zehntausendmal mehr als jene, die wir physisch sehen können. Das Wort Christi: »Tut Gutes denen, die euch hassen!« beruht auf einer wissenschaftlichen Tatsache, auf einem Naturgesetz. Denn wer Gutes tut, trägt sich aus der Natur alle Kraft und alles Gute zu. Wer Übles tut, ruft zerstörende Elemente. Wenn unsere Augen erst einmal geöffnet sind, dann wird uns der Selbstschutz, der geistige Selbsterhaltungstrieb in jedem Übeldenken innehalten lassen. Denn wer vom Haß lebt, wird durch den Haß umkommen – so wie gesagt wurde, daß, wer das Schwert zieht, durch das Schwert umkommen werde. Jeder üble Gedanke ist wie ein Schwert, gegen den Menschen gezückt, den er treffen soll. Zückt auch jener andre Mensch das Schwert: desto schlimmer für beide.

Christus beherrschte die Elemente durch die Kraft seines Geistes oder sein Verbundensein mit den höheren Geistes- und Seelenreichen. Geist, die Substanz, kann, wenn sie sehr mächtig ist, in körperlicher Form sich offenbaren und sichtbar werden. Der Geist Christi war mächtig genug, das ›Wunder‹ zu tun.

Deine Kraft, Wesen und Eigenschaft des Nächsten zu fühlen, entspricht immer deiner Freiheit von üblem Denken. Reinheit ist Kraft. Stahl ist rein wie Eisen und stark wie Eisen. Der reinste Geist ist zugleich der höchste und stärkste Geist. Und doch: wenn du der überlegene Geist bist – du kannst den anderen, mit denen du verkehrst, nur bis zu einem gewissen Grade Gutes tun. Denn sie können nur einen geringen Teil deines Denkens aufnehmen. Und du empfängst dafür einen großen Teil ihres untergeordneten Denkens. Du gibst ihnen gleichsam Gold und sie geben dir Eisen. Und vielleicht mehr Eisen als dir gut tut. Und du gibst ihnen mehr Gold als sie brauchen können. Also sind beide Teile geschädigt.

Verkehre deshalb vorzüglich dort, wo deine Geistigkeit am meisten geschätzt und gebraucht wird. Dann tust du dir und deinem Nächsten geistig und körperlich etwas Gutes. Du bist in kein ungleiches Joch gespannt. Menschen, die deine Art Denken aufnehmen und, durch den Filter ihrer Eigenart verwandelt, dir wiedergeben, sind deine nahen geistigen Verwandten. Hier wird dir Bereicherung. Einer baut gleichsam ins Herz des andern. Und Trennung bedeutet nur Gewißheit neuen Wiederfindens in höherer Kraft und Reife.

Heile dich selbst!

»Es ist der Glaube eine gewisse Zuversicht des, das man hoffet, und nicht zweifelt an dem, das man nicht siehet!« Das sagt die Schrift. (Ebräer II, 1.)

Wer ein Bild seiner selbst im Geiste trägt, eine Vorstellung, die ihn in vollkommener Gesundheit, Kraft und Beweglichkeit zeigt, ruft damit schaffende Kräfte auf, die ihn gesund, kräftig und beweglich machen. Er bildet dann aus unsichtbarem Stoff eine geistige Form, ein spirituales Ich, die gewisse Zuversicht des, das er hoffet, und dieses Ich beherrscht nach und nach seinen physischen Körper.

Das vorgestellte Bild eines frischen, gesunden, rüstigen Körpers ist die unsichtbar tätige Substanz eines solchen Körpers. Es ist eine geistige Gegebenheit. Und der stoffliche Körper muß sich dieser geistigen Gegebenheit angleichen. Ist dein Körper schwach, sieh ihn nicht schwach. Sieh dich immer lebensvoll und in mutwilliger Kraft. Sieh dich nicht als Invaliden, der in den Krankenstuhl gezwungen ist oder das Haus hüten muß, wenngleich dein Körper vorübergehend in solche Zustände geraten kann. Du heilst dich selbst, wenn du dich an einem Wettlaufe teilnehmend schaust, und machst dich selbst zum Bresthaften, wenn du dich für bresthaft hältst. Erwarte und fürchte keine Krankheit und kein Leiden für morgen, wie krank und elend du heute auch sein magst. Erwarte nichts als Gesundheit, Kraft und Rüstigkeit.

Träumer schaffen weit mehr, als die Welt weiß und begreift. Die Gedanken des Menschen, der eine Stunde der Meditation in völliger Unbewußtheit dessen verbringt, was um ihn herum vorgeht, sind eine Kraft, die im unsichtbaren, aber allmächtigen Reich des Geistes, von dem wir so wenig wissen, schöpferisch am Werke ist. Freilich haben jene Menschen, deren Denken sich vom Körper so sehr loslöste, daß sie vorübergehend das Wissen um ihn verlieren, heute zumeist weder die Erkenntnis der Kraft, deren sie sich bedienen, noch auch die Überzeugung, daß diese Kraft etwas vermag. Es fehlt ihnen deshalb auch der Glaube. Und ohne Glauben muß das Ergebnis für sie verloren sein.

Wer nichts vom Goldgraben versteht, nichts vom Erdreich, worin Gold gefunden, oder von den Methoden, nach welchen es aus dem Erdreich gewonnen wird, mag monatelang in goldreichem Grunde graben und die Schollen nach einer sicheren Grube karren. Wenn er vom Schatz nichts weiß, fehlt ihm der Glaube an den Schatz.

Wir sind, was unsre geistigen oder spiritualen Kräfte anbetrifft, ganz ähnlich daran wie dieser kenntnislose Goldgräber. Denn jede unserer Vorstellungen ist eine unsichtbare Wirklichkeit, die sich um so kraftvoller auch an den Dingen der physischen Welt offenbart, je länger und steter wir uns ihr hingeben. Träume am Tage Gesundheit und Kraft! Solches Träumen und Vorstellen wird dein Denken nachts in die gleiche kraftvolle Region des Geistes eindringen lassen und dich dort um so schneller wieder aufbauen! Träume am Tage Krankheit und Schwäche, und du gerätst auch nachts in den Strom kranken, schwachen und leidenden Denkens und bist beim Erwachen nur um so elender.

Ein Mensch kann, wähnend, es sei harmloser Sand, unbewußt Schießpulver in seinem Keller einlagern. Dann genügt ein Funke, um ihn und sein Haus zu zerstören. Ganz ähnlich bringt die Menschheit gegenwärtig durch unweisen oder unrechten Gebrauch ihrer Geisteskräfte Schmerz und Elend über sich. Was wir denken, vorstellen und träumen, lagern wir entweder als Gold oder Schießpulver bei uns ein. Der Tagtraum, die Träumerei ist Ausstrom ergebniswirkender Kräfte. Je abstrakter die Träumerei, desto größer die Kraft, die getrennt und fern vom Körper wirkt. Wenn du für eine Zeit das Bewußtsein von einem physischen Körper und der augenblicklichen Umgebung vergessen oder verlieren kannst, ist deine Geistes- oder Gedankenkraft vielleicht hundert oder tausend Meilen weit von dir am Werke. Alle sogenannten okkulten Phänomene, alle Wunder der Bibel geschahen so. Wenn ein Gedanke von zureichender Kraft auf ein vorgestelltes Bild konzentriert wird, vermag er dieses Bild augenblicklich in sichtbare Substanz zu verwandeln. Dies ist das einzige Geheimnis der Magie. Unsichtbares durch Kraft der Konzentration sogleich in Sichtbares zu verwandeln, ist Magie.

Christus vermochte eine Vorstellung, ein Geistesbild in sichtbaren Stoff zu verwandeln. So tat er es mit den Laiben und Fischen.

Alle Geister besitzen keimhaft diese Kräfte und Möglichkeiten.

Der Glaube ist in der Tat das Senfkorn, mit dem er wegen seines Wachstums im Neuen Testament verglichen wird. Aber es kann ein Glaube an das Übel sein und als solcher zunehmen, oder es kann ein Glaube an das Gute sein und als solcher wachsen. Ist's ein zunehmender Glaube an das Übel, so wird er ein Baum, darin jeder böse Vogel von schlechter Vorbedeutung sein Nest bauen oder den er doch aufsuchen wird.

Dein übles oder mutlos-trübes Denken ist der Glaube an das Übel. Deine Furcht vor Krankheit ist der Glaube an die Dauer und das Schlimmerwerden der Krankheit.

Eine leichte Störung des Magens oder der Niere oder eines andern Organs hat dich befallen. Währt diese Störung einen oder gar einige Tage, so erwartest du die Krankheit. Du denkst an jenes Organ nur noch als an ein krankes Organ. Du siehst es im Geiste niemals als gesundes Organ. Man kann dir einreden, dein Zustand sei gefährlich. Du verfügst vielleicht über einen Namen für diese Krankheit, der suggestiv großen Schmerz, Verfall und endlichen Tod mit sich trägt. All das ist Mehrung des Glaubens an das Übel.

Freunde und Verwandte sind deinethalben in Angst und Unruhe und erinnern dich stetig daran, wie sehr du dich schonen solltest. Alls um dich herum will, daß du dich krank, schwach und entkräftet sehen mögest. Du trägst im Geiste nicht das Bild des betroffenen Organs als eines heilen und gesunden Organs. Und niemand gibt dir ein Denken und Vorstellen, das dein Organ heil und gesund sieht. Die geistigen Erbauungen, mit denen man dich bedenkt, sind ›fehl am Ort‹. Sie bewirken das Gegenteil dessen, was sie bewirken wollen. Sie schaffen in Wahrheit Übel. Deine Freunde wünschen dir ›Baldige Besserung!‹ – aber sie fürchten dabei, es werde dir nicht so bald besser gehen. Und so wird dein Glaube an das Übel großgezogen. Du erhältst immer die ›gewisse Zuversicht des‹, das man befürchtet oder erwartet oder gar ›auf das man hoffet‹. Du erhältst also das Übel. Erhältst nach dem gleichen Gesetz, das, richtig gelebt, gesund macht, immer mehr Krankheit und Schwäche. Man lehrt dich, an die Krankheit fester zu glauben als an die Gesundheit. »Euch geschehe nach eurem Glauben!« sagt die Schrift. Und so geschieht dir Krankheit, weil du an Krankheit glaubtest.

Die Natur kennt kein Altern in unserm Verstande des Wortes. Sie entledigt sich unaufhörlich ihrer abgetragenen körperlichen Hüllen oder Offenbarungsformen. Wir sagen, der Baum stirbt ab. Aber sehen wir nicht den neuen Baum aus dem morschen Sumpf des alten hervorsprießen? Es ist der gleiche Baum. Mit andern Worten: es ist der Geist oder die Kraft des Baumes, den wir alt nannten, die nun in neuer Form sich verstofflichen. Dieser Prozeß vollzog sich ungezählte Zeitalter hindurch. Diese Gattung Baum war in urferner Vergangenheit gröber, als sie heute ist. Sie verfeinerte sich in aufeinander folgenden Neuwüchsen und verfeinert sich weiter.

Im ganzen Reich des belebten und organischen Lebens können wir Perioden der Ausbesserung und Wiederherstellung beobachten, die einer gewissen Verjüngung und Erneuerung der Organisationen vorangehen; so, wenn der Krebs oder Hummer seine Schalen abwirft, die Schlange ihre Haut abstreift, der Vogel zur Zeit der Mauserung sein Gefieder wechselt oder das Pelztier sein Kleid erneuert. An all diesen Organismen vollziehen sich noch andere Veränderungen, die wir nicht sehen. Während dieser Perioden sind die Tiere: Vogel, Vierfüßler oder Fisch, schwach und untätig. Die Natur braucht während solchen Wiederaufbaues Ruhe. Dann geschieht er ebensogut außen wie innen.

Jedes Gesetz der Natur, das wir an niedrigen Organisationen beobachten können, gilt auch für die höheren. Es gilt also auch für den Menschen. In jedes Menschen Leben gibt es nämlich Perioden, wo alle Tätigkeiten, Kräfte, Organe und Funktionen träger sind. Wir machen dann sozusagen unsere Mausung durch. Die Natur legt uns zum Zwecke des Wiederaufbaues hin, wir kommen in die Reparatur, in die Ausbesserungswerkstätte. Und wenn wir der Natur gehorsam wären, besäßen wir in wenigen Wochen oder Monaten ein erneutes Leben und einen erneuten Körper. Alles, was die Natur von uns verlangt, ist, daß wir unserem Geist und unserem Körper jene Ruhe geben, die sie nötig haben, wenn die Natur sie erneuern soll.

Wir sagen, die mittleren Jahre des Menschen seien seine besten. Da habe er die Fülle der Kraft und Rüstigkeit erreicht, da sei er auf der Höhe des Lebens angekommen. Was dann folge, sei Abstieg und Verfall, Dürre und Vergilbung. So sei es nun einmal Gesetz der Natur. Wir gleichen den Blättern des Baumes.

Nun, es ist der Glaube an das Alter und die Altersschwäche, der uns alt und altersschwach macht.

Das gewisse gefährliche Alter unserer mittleren oder kurz darauf folgenden Jahre bedeutet nichts anderes, als daß ein neuer physischer Körper an die Stelle des alten treten will. Anders gesagt: daß der alte Körper umgewandelt wird und dem neuen Raum gibt. Während dieses Umwandlungsprozesses bedarf der Mensch vieler Ruhe. Unser wahres, unsichtbares, geistiges Ich ist bei diesem Wiederaufbau eifrig am Werke. Und wir sollten während dieser Zeit nicht mehr angestrengt sein als zur Zeit, da wir Kinder waren.

Wir gönnen uns aber diese Ruhe nicht. Wir zwingen die erschöpfte Organisation zur Arbeit, auch wenn sie sie nicht zu leisten vermag. Wir verkennen die Zeit unserer Mauserung und nehmen eine vorübergehende Schwachheit als Krankheitsform. Wir setzen so durch den Glauben an das Übel die Idee ›Krankheit‹ in unserem Geiste fest. Wir schaffen uns eine Krankheit. Und während die Natur versucht, uns zu verjüngen und stärker zu machen, vereiteln wir ihren Zweck und machen uns schwächer.

In den allermeisten Fällen sind die Menschen außerstande, jener Ruhe zu pflegen, die von der Natur gefordert wird. Sie müssen arbeiten und arbeiten, Tag um Tag und Jahr um Jahr. Der Lebensunterhalt muß erworben werden. Aber das ändert an dem Ergebnis nichts. Die Gesetze der Natur nehmen keine Rücksicht auf das System der menschlichen Verhältnisse. Und so plagt und schindet sich die Menschheit, aus Unwissenheit ungehorsam, so erwerben Tausende und aber Tausende den Lebensunterhalt und rackern und verbrauchen sich und leiden und sterben auf ehrenwerten Krankenbetten elend dahin.

In manchen Fällen ist die Gewohnheit, tätig zu sein, so stark, daß die Menschen von ihrer Arbeit oder ihrer besonderen Art, zu schaffen und zu wirken, gar nicht mehr lassen können. Sie haben keinen Begriff, was das heißt, ›Ruhe des Körpers‹, ›Ruhe des Geistes‹, und sie haben auch gar keine Fähigkeit zu diesen köstlichen Zuständen. Es geht ihnen zwar schlecht, aber von der Arbeit lassen sie nicht, wenngleich sie infolge ihrer zunehmenden Schwäche bei dieser Arbeit gar nicht mehr glücklich sind – wie die vielen ›häuslichen Frauen‹ beweisen, die sich immer wieder darüber beklagen, daß sie sich zu Tode arbeiten müssen, und die sich dann doch unglücklich fühlen, wenn sie einmal nicht arbeiten können.

Könnten diese Menschen Geist und Körper nur ein einziges Mal auch nur annähernd in den Zustand wahrer Ruhe bringen – es wäre ihnen vielleicht eine arge Beunruhigung: sie wähnten, ihre Kräfte verfielen und minderten sich. Und wirklich würden sie eine Zeitlang träg, langsam und zur Arbeit einigermaßen unfähig sein. Aber das wäre nur eine Folge der Hochspannung von Geist und Körper, denn die spirituale Kraft würde nun darangehen, wiederherzustellen und aufzubauen. Aber niemand kann im Physischen und Spiritualen zugleich arbeiten. Wenn die eine Kraft tätig ist, muß die andre ruhen.

Die große Erneuerungsquelle der Natur ist die Ruhe.

Das brachliegende Land sammelt neue Kraft, um das Korn wachsen zu machen. Die Mutter, deren Geist und Körper während der Schwangerschaft am wenigsten angestrengt werden, gebiert das gesündeste Kind. Das gebrochene Bein bedarf der Ruhe, soll es zusammenheilen.

Unter Ruhe verstehe ich hier ebensowohl die Ruhe des Geistes wie die Ruhe des Körpers. Die Ruhe des Geistes ist so nötig wie die Ruhe des Körpers. Tausende unter uns wissen nichts von Ruhe des Geistes, von geistiger Muße oder Müßigkeit. Ihnen sind Schwerarbeit, Aufreibung, Unruhe, Unrast oder Angst um irgend etwas feste Gewohnheiten. Reich oder arm tut da wenig zur Sache. All das führt aber zu Erschöpfung, Verfall und Krankheit. Und hat seinen Grund darin, daß der Mensch der Gegenwart noch immer nicht gelernt hat, zu glauben und den Glauben im Leben auszuwirken, daß er als ein Teil Gottes eine Kraft besitzt, die ihm, soferne er sie heranbildet und ihr vertraut, alles zuleiten wird, dessen er bedarf. Vollkommene Gesundheit und Wonnen, von denen er heute nicht träumt. Ja, der Mensch darf wissen, daß er an dem Tage, da er ausrufen und in der Gebärde des Geistes verharren kann: »Es geschehe!« – unsichtbare Kräfte das Werk vollbringen werden. Und wie diese Kräfte am Werke sind, auch wenn der Mensch schläft, so schafft der Mensch wachend immer neu sich selbst.

Die ewige Gerechtigkeit

Das Reich der Gerechtigkeit ist nicht fern von uns, weder räumlich noch zeitlich. Es ist da, ist in uns und offenbart seine Wirkungskraft heute so gut wie es sie in aller Vergangenheit und allen Geschlechtern offenbart hat. Es mißt durch ein unbegreifliches Gesetz allen Menschen Schmerz oder Freude zu, und seinem Gericht zu entgehen, ist unmöglich. Dieses Gericht hat mit menschlichem Gesetz nichts zu tun. In seinem Vollzuge mag der, den die Menschen schuldig nennen, unschuldig sein und der Ankläger die Strafe empfangen. Es erklärt viele Dinge als Verletzungen des Rechtes, die von Menschen ganz und gar nicht als solche erachtet werden.

Die Gerechtigkeit der erhabensten Kraft ist, wenngleich unfehlbar und allsichtig, voll Güte. Sie verhängt die Strafe nicht um der Strafe willen, sondern sie will durch sie den Menschen einem höheren Glücke zuführen. Sie meint es mit allen Menschen gut, sie will das Glück aller. Das Gesetz des Lebens und des Glückes ist wie ein gerader und schmaler Pfad. Sobald wir ihn verlassen, stoßen wir auf Hemmungen und Schranken, Schranken zu beseitigen, vergrößert unseren Schmerz.

Die Gerechtigkeit des Erhabensten sagt zu dir:

»Du bist von der rechten Straße abgekommen. Auf dem Weg, den du da gehst, und auf die Art, wie du deine Kräfte gebrauchen willst, gibt es nur Schmerz und Unrast. Ich habe einen sicheren Pfad für dich. Von diesem Pfade kannst du allerdings nur so viel sehen, wie du in einer Stunde oder an einem Tage zu wandern hast. Versuche nicht, deine Zukunft in Plänen und Karten auszumessen! Das ist meine Sache. Laß alles das mir über! Gib dich dem Verlangen hin, von mir zu erfahren, wohin du gehen und wie du in dieser Stunde oder an diesem Tage leben sollst!

Gewöhne dich an diese Art Leben, bis sie deine zweite Natur geworden ist – und ich will dir, wie die Sonne der Erde für die Stunde der Wärme zuströmt – für die Stunde und nicht mehr – Weisheit senden, die dich die Stunde recht zu leben lehren wird!

Jeder Schmerz, jedes Unbehagen des Körpers oder der Seele, ob heftig oder gering, ist ein Urteil, das über uns gefällt wird; aber nur zum Zwecke, um uns dort zu erhalten, wo wir einem immer höheren Glücke entgegenwachsen sollen. ›Strafe‹ und ›Züchtigung‹ sind herbe Gedanken, die aus der niederen, stofflichen Geistigkeit des Menschen stammen. Der Unendliche stellt sich uns hindernd entgegen, wenn wir von der rechten Straße abbiegen, er widerstrebt uns und unserm Wollen – und das ist oft schmerzhaft. Aber es ist nicht ›Strafe‹ in dem Sinn, den der Mensch mit diesem Worte verbindet.

Wir bestrafen den Mann, der beim Diebstahl ertappt wurde. Aber die ewige Gerechtigkeit, immer gütig, stellt auch den Mann, der stiehlt und nicht ertappt wird und so zu weltlichem Erfolg gelangt. Die Welt verehrt äußeren Erfolg. Doch die ewige Gerechtigkeit plagt jenen Mann zuletzt mit irgendeiner Form von Schmerz und Ruhelosigkeit. Der Dieb, den sie nicht fingen: der ewigen Gerechtigkeit kann er nicht entwischen.

Die ewige Gerechtigkeit sagt uns:

»Ihr sollt keinen andern Gott haben, als die Vervollkommnung eures Wesens. Sie muß euch mehr sein als Geld. Den gesündesten Körper zu erlangen und den hellsten Geist, das Wachstum und die Entfaltung eurer Kräfte zu fördern: das sind die Ziele eures Lebens. Strebt danach – ihr sollt von Zeit zu Zeit meine Zusprüche erfahren – und es werden euch alle Dinge zukommen, deren ihr bedürft!«

Wenn wir zuerst und zuletzt den Gedanken an Geld in unsere Seele senken, dann verhängt die höhere und wandellose Gerechtigkeit immer wieder Schmerz und Strafe über uns. Nimmt die Jagd nach dem Gelde einmal drei Vierteile unsrer Tagstunden in Anspruch, dann werden wir in den Geldgeiststrom hineingezogen, wir befinden uns dann auf der ausgetretenen und vollgedrängten Allerweltsstraße von Sorge, Enttäuschung, Verfall und Tod. Es gehe um Gewinn oder Verlust: wo die Sorge oder Gier um Geld voran ist, dort altert der Körper. Geld so gewonnen, macht den Menschen nicht glücklicher.

Die ewige Gerechtigkeit sagt: »Ihr sollt nicht begehren.«

Du kannst durch Gesetz und Recht der Eigentümer eines Landes, ja eines ganzen Staates werden. Aber in Wahrheit sind weder Land noch Staat dein. Denn du kannst nicht mehr besitzen, als was du zu genießen und wahrhaft zu schätzen imstande bist. Du magst viele prächtige Häuser dein eigen nennen, Pferde, Karossen, Treibhäuser, Jachten und alles, was der Mensch sonst noch an Besitz anhäufen will. Aber du kannst nicht den zehnten Teil davon wirklich genießen oder gebrauchen. Der Rest ist Aufsicht. Und die bereitet, alles in allem, mehr Sorge als Vergnügen.

Die ewige Gerechtigkeit sagt dir:

»Du versuchst gegen das Gesetz zu leben. Du willst dich dem Erhabensten nicht anvertrauen, auf daß er dir die Güter gebe, wie sie dir nottun. Du kennst deine wirklichen Bedürfnisse nicht. Ich kenne sie. Du entscheidest dich dafür, die Sache selbst in die Hand zu nehmen und Güter für den künftigen Bedarf aufzustapeln. Doch siehe, alles, was du nicht gebrauchen und genießen kannst, wird dich durch die Last der Sorge niederziehen, und die Sorge wird dir deine Kraft nehmen. Sie wird das Element des höheren Geistes, das deinen Körper mit neuem Leben erfüllen würde, ablenken, zerstreuen. Insoweit du dich durch den Versuch, die Sorgenlast zu tragen, erschöpfst, wird dein Körper schwach werden und verfallen. Du kannst auf diese Weise ein armer reicher Mann werden, siech und albern, unfähig zur Führung seiner Geschäfte, endend wie er einst begann – als Kind.«

Die Sache liegt beim armen Mann genau so wie beim reichen. Denn es macht keinen Unterschied aus, ob einer, anstatt das ewige Leben zu suchen, armseligen zehn Dollars oder armseligen zehn Millionen Dollars nachläuft. Der Mammon des armen Mannes und der Mammon des reichen Mannes sind ein und derselbe Götze.

Gewiß, Geld ist höchst wünschenswert. Es ist das Hilfsmittel, um vieles herbeizuschaffen, dessen der verfeinerte Geschmack und Geist bedarf. Aber es darf das Geld Gott oder dem unendlichen Geist des Guten niemals vorangestellt werden. Das hieße, die Lokomotive hinter die Wagen stellen und die Wagen zur treibenden Kraft machen wollen. Auf solche Art wird auch unschätzbarer Reichtum weder Glück noch Gesundheit bringen. Nur wo der Geist voran ist, wird aus Tausenden weit mehr gewonnen als der bloße Geldanhäufer aus Millionen gewinnen kann.

Wenn wir uns zur ewigen Gerechtigkeit bekennen, flutet uns der Strom des Reichtums und Gedeihens unaufhörlich zu. Und wie uns dieser Strom unaufhörlich zuflutet, so fluten Reichtum und Wohltat unaufhörlich von uns, aber nur, um von anderen reicheren Segnungen gefolgt zu werden. Unsere materiell gerichteten Geister wollen diesen Strom eindämmen. Wir fürchten, der Mississippi könnte austrocknen.

Die ewige Gerechtigkeit läßt uns alle die kleinen Schulden empfinden, die wir anderen schulden mögen. Aber dies sind Schulden, die nicht in Geld, sondern nur in gütigen Gedanken bezahlt werden können.

Ein Baum ist am Wegrand gepflanzt, damit der Wanderer in seinem Schatten Kühlung finde. Am heißen Tag stehen wir im Schatten des Baumes und sind erfrischt. Und so schulden wir dem Menschen, der den Baum einst pflanzte, ein dankbares Gedenken. Wenn ein solches Gedenken urplötzlich und wie von selbst in uns aufsteigt und von uns geht, dann ist es eine Kraft, die uns gut tut. Dankbarkeit ist eine freudegebende Empfindung. Ja sie gibt dem Körper neues Leben, denn was wir empfinden, bestimmt unsern Geisteszustand und tut damit dem Körper entweder gut oder schlecht. Das Gefühl der Dankbarkeit baut auf und verjüngt. Unsere Dankbarkeit ist eine Kraft, die den Menschen erreicht, der den Baum pflanzte oder den Trinkbecher an den Straßenbrunnen hing oder im Zaun, der sein Feld umgrenzt, ein Türchen offen ließ, durch das wir schreiten und so den Weg eine halbe Meile abkürzen können.

Bedienen wir uns des Feldes oder des Baumes jenes Landmannes ohne ein dankbares Gedenken, zahlen wir also unsere Schuld nicht ab, so gehen wir des angenehmen Zustandes verlustig, den uns die Empfindung der Dankbarkeit und des Wohllebens geben kann. Und die Erreichung angenehmer Gemütszustände oder Stimmungen muß den wünschenswertesten Dingen des Lebens zugezählt werden, denn sie tragen uns Gesundheit, Kraft und Lebensfülle zu – und mehr.

Wenn wir eine Annehmlichkeit mit dem Empfinden und Denken genießen: »Ah, der alte Jobber kann noch hundert Bäume pflanzen, er kann statt eines Fußweges einen Schienenstrang durchs Feld legen lassen«: dann senden wir eine undankbare, neidische, üble, unsichtbare Kraft aus – und es bleibt ein Gefühl des Unbehagens, eine gestörte Stimmung in uns zurück. Wir öffnen Gemüt und Seele dem Geistesstrom des Neides und der Verdrossenheit, der immer mehr Neid und Böswillen heranträgt. Und so wird dem Körper Krankheit, der Seele und dem Gemüt aber Störung.

Wir werden irgendwie daran leiden. Und solches Leiden ist das Urteil, das die ewige Gerechtigkeit über uns fällt, fällt in der Absicht, uns künftighin vor solchen Stimmungen zu bewahren.

Die erhabenste Kraft hat den Menschen niemals bevollmächtigt, die Gerechtigkeit oder das Gericht in die eigene

Hand zu nehmen. Wenn wir uns zur Autorität des Alten oder Neuen Testaments bekennen, finden wir darin die Worte aufgezeichnet: »Richtet nicht, auf daß ihr nicht gerichtet werdet!« und »Mein ist die Rache!« spricht der Herr.

Die erhabenste Kraft sagt uns:

»Ihr müßt immer nach dem Wissen von der ewigen Gerechtigkeit verlangen. Ihr habt noch keine besseren Methoden zur Aufrechterhaltung der Gesellschaftsordnung gefunden, als Menschen für dasjenige, was ihr Vergehen und Verbrechen nennt, aufzuhängen, einzukerkern oder mit andrer Strafe zu belegen. Ihr schafft eure Gesetze immerfort, ohne an das große göttliche Gesetz und an die Kraft zu denken, die das Weltall geschaffen hat und die ewig nicht aufhören wird, das Weltall vollkommener und immer vollkommener zu machen. Eure Gesetze sind so zahlreich, so verworren und verwickelt, so verwirrend und vertrackt, daß in euren Gesetz- und Paragraphenbüchern eins übers andre stolpert. Es hebt eins das andre auf, es widerspricht eins dem andern. Euer System von Gesetzen ist ein Babel – eine Sprachenverwirrung. Weit entfernt, die Gerechtigkeit zu fördern und ihr zu dienen, ist es vielmehr eine größte Hilfe, um dem Kniff und der schlauen Auslegung vorübergehend zum Erfolg zu verhelfen.«

Bleiben nun diese Kniffe, diese listigen Künste unbestraft?

Keineswegs! In Wahrheit ist mit ihnen auch gar kein Erfolg erzielt worden. Denn der Erfolg eines Betruges wird nach ein paar Jahren schon mit einer kranken Seele und einem kranken Körper bezahlt. Die geistigen und körperlichen Kräfte nehmen ab, der Mensch verfällt, stirbt und verschwindet endlich für ewig, soweit der materiell gerichtete Geist eines solchen Menschen in Frage steht. Doch überlebt der wahre Geist, der Zeitalter hindurch dem Unendlichen näher strebt.

So lehrt die ewige Gerechtigkeit den Geist, seine Kräfte recht zu gebrauchen.

Warum ist es unrecht, zu stehlen? Das Gesetz und die Gerechtigkeit des Menschen antworten: »Weil wir einem andern ein Unrecht zufügen, wenn wir ihm seine Güter nehmen.« Die ewige Gerechtigkeit aber antwortet: »Darum, weil ihr, wenn ihr stehlt, euch selbst das größere Unrecht zufügt.«

Fragen wir, wie dies geschehe, so antwortet der Erhabenste:

»Verlange von mir alle Dinge, und alle wahrhaft guten Dinge sollen dir werden! Erlange Dinge irgendwie anders – und sie werden dir nichts wahrhaft Gutes sein!«

Wir können dies kaum glauben, wenn wir uns, als Verhungernde, siech an die Mauer lehnen. Doch die gleiche Kraft, die dem Propheten in der Wildnis einst Raben zur Speise sandte und den Juden auf ihrem Wüstenzuge Manna schenkte, die gleiche Kraft lebt und wirkt auch heute noch im Weltall und um uns. Diese Kraft antwortet dem ernsten, inbrünstigen, ausdauernden Verlangen, dem ›Gebet‹. Sie war es, die einst dem Ruf des Moses und einiger weniger Männer, die ihr Verlangen mit dem seinen vereinigten, Antwort gab. Die große Masse der Kinder Israels wurde damals von der Kraft dieser Männer getragen, denn die jüdischen Scharen hatten nur wenig oder gar keinen Glauben an den Erhabensten oder an die Kraft des Verlangens – so wenig wie heute die große Masse irgendeines Volkes das Unsichtbare zu begreifen oder im Geist und in der Wahrheit daran zu glauben vermag.

Unserem leiblichen Auge scheint der Ungerechte ›zu grünen wie der Palmbaum‹. Indessen, wenn wir klarer sehen, erkennen wir, daß sein Glück nicht größer ist als das anderer Menschen und daß nur »der Gerechte grünet wie der Palmbaum und wächst wie die Zeder am Libanon«. Doch müssen wir fragen: »Wer ist schlecht und ungerecht? Sündigen wir nicht alle auf irgendeine Art? Und welchen Beruf habe ich, der ich selbst ein Gesetz Gottes breche, meinen Nächsten, der ein anderes übertritt, zu richten?«

Laßt uns nach jenem Geistesblick verlangen, der uns, soweit es der unendlichen Weisheit gefallen mag, unsere eigenen Mängel erschließt und unsere Neigung mindert, nach den Mängeln anderer zu spähen und an ihnen zu leiden. Wenn wir uns unserer eigenen Fehler bewußt werden – es kann dies nur nach und nach geschehen –, dann werden wir uns nicht allzu streng beurteilen. Denn dies wäre eine ebenso große Sünde wie jene, andere allzu strenge zu beurteilen. Ein hartes, unnachsichtiges Urteil gegen sich selbst, eine Züchtigung des eigenen Ich führt zu vernichtenden Urteilen auch über andere.

Die ewige Gerechtigkeit ist unendlich barmherzig. Welches Recht haben wir denn, wir, die wir Gottes sind, mit hartem Urteil über das Eigen Gottes zu richten? Es war ein Irrtum der Einsiedler und Betbrüder, zu glauben, sie könnten ein Leben der Ausschweifung, darüber sie späte Reue packte, durch ein Leben der Kasteiung und Buße und Enthaltsamkeit von aller Freude versöhnen. Schmerz, den sich der Körper selbst auferlegt, tut dem Geist nicht gut. Das ist nicht Religion, ist nicht genährt von der erhabensten Kraft. Es ist nur eine andere Form der Abhängigkeit vom Selbst, um Gott näherzukommen. Es ist des Heiden Selbstopfer und Selbstverstümmlung, um der Gunst seiner Gottheit willen.

Der Unendliche sagt uns:

»Gebt euch mir ohne Rückhalt! Ich will euch alle Zerknirschung und Reue und Bußfertigkeit vergessen machen. Ich will euch erkennen machen, und ihr sollt euch in der Erkenntnis freuen, daß ihr aus der Unvollkommenheit von heute der Vollkommenheit von morgen in steter Verfeinerung entgegenwächst. Eure kummerschwere Reue soll sich in das freudige Wissen verwandeln, daß sich in allem, was ihr in der Vergangenheit waret und dachtet und tatet, eine niedrigere, unentwickeltere und also gröbere Daseinsform auswirkte, für die ihr heute nicht mehr verantwortlich seid. Ihr seid nun jener Form entwachsen und seid heller, besser und reiner geworden. Ihr werdet immer noch heller, besser und reiner werden. Ihr werdet dann keine Reue fühlen, wenn ihr erkennt, daß euer Sein von gestern eurem Sein von heute nicht mehr zugehört. Ihr werdet euch freuen, weil ihr nun eine bessere Form gefunden habt, eine hellere Art, zu leben. Und ihr werdet diese immer wieder gegen eine noch bessere und hellere Art Leben eintauschen. Denn die Engel wissen nichts von Sünde. Es ist ihnen ihr gestriges Sein bewußt als die Unvollkommenheit von gestern. Sehet, die Engel verlangen von niemand Vergebung – sie freuen sich daran, wie der Ewige, die Kraft der Kräfte, sie von der Entzückung des Heute zur größeren Entzückung der Zukunft trägt. Sie wissen, daß der Unendliche ihren Lobgesang gern hört. Und so ist denn ihr Lobsingen tönende Freude ohne Ende.«

Sehet die Lilien…

Ich möchte jedermann eine Predigt über den Text halten: »Sehet die Lilien auf dem Felde, wie sie wachsen: sie arbeiten nicht, auch spinnen sie nicht. Ich sage euch aber, daß auch Salomo in aller seiner Herrlichkeit nicht bekleidet gewesen ist wie derselben eine!« – Denn dieser Text enthält nichts, was irgendwem unangenehm sein könnte. Es ist keine Predigt der Drohung oder Warnung, wohl aber eine Predigt der Hoffnung. Und die Welt von heute braucht mehr Hoffnung. Wir sind ein niedergeschlagenes Stück Land. Und wir sind dies hauptsächlich auch deshalb, weil uns alle Predigt der Vergangenheit gesagt hat, wie schlecht wir seien und was uns alles geschehen würde, wenn wir in unserer Schlechtigkeit verharrten. Man hat uns so wenig darüber gesagt, daß wir auch sehr viel Güte und Kraft in uns haben. Wir sind schlecht gewesen, reichlich deshalb, weil so viele Prediger schlecht von uns gedacht und uns auf diese Weise schlecht von uns selber denken gemacht haben. Menschen, die schlecht von sich selber denken, sind aber so ziemlich sicher daran, auch schlecht zu handeln. Die Schrift sagt: »Wie der Mensch denkt, so ist er!« Darum, wenn ein Mensch armselig von sich selber denkt, geht er hin und betrinkt sich oder tut sonst etwas Gemeines. Der Stolz, der den Menschen sich selber schätzen heißt, ist zugleich der Stolz, der ihn vor gemeinen und herabwürdigenden Handlungen bewahrt. Unser Geschlecht ist aber bereits dahingelangt, zu der Tatsache erweckt zu werden, daß jeder Mann und jede Frau größere Kräfte besitzen, als von denen sie heute wissen; und daß Mann und Frau, wenn sie diese Kräfte erst recht zu nutzen verstehen, aus allem Übel heraus und in alles Gute hinein gelangen werden.

Eine Lilie oder eine andre Pflanze oder Blume wächst und verschönt sich nach dem Gesetz des Weltalls – genau so wie Mann oder Frau es tun; und Mann oder Frau wachsen und sind alle die ungezählten Zeitalter hindurch genau so sehr gewachsen wie die Lilie.

Es ist ein großer Irrtum, anzunehmen, ein Mann oder eine Frau von gewöhnlichem Verstand sei das Ergebnis dieses einen kurzen Lebens, das sie hier leben. Wir alle haben – und möglicherweise sogar in verschiedenen Formen – bereits gelebt: als Tier, Vogel, Schlange, Insekt oder Pflanze. Möglicherweise. Unser Keim entstand einst am Meeresgrunde, er lag eingebettet zwischen Eisbergen, ward inmitten von Feuer, Rauch und Asche aus Vulkanen gespien. Das Weltmeer schaukelte ihn herum, und er lag dann vielleicht für Jahrhunderte und aber Jahrhunderte im Herzen eines postpliozänen Berges verborgen. Wir krochen und krochen empor, nun in dieser Form, dann in einer andern, gewannen durch jede Verwandlung immer etwas mehr an Intelligenz und Kraft, bis wir endlich dort angelangt waren, wo wir jetzt sind – ohne dabei sonderlich weit gekommen zu sein!

Die Lilie hat ein ihr eigentümliches Leben und eine ihr eigentümliche Intelligenz. Du bist vielleicht in diesem Punkt nicht meiner Meinung, ja ich erwarte, daß du es nicht bist. Glauben doch die meisten Menschen, ›Intelligenz‹ sei einzig dem Homo sapiens vorbehalten und alles, was ihr in einem Tiere oder in einer Pflanze ähnlich sehe, sei lediglich ›Instinkt‹. Ich für meinen Teil glaube nun, daß Intelligenz so gemeinsam sei wie Luft; nur daß in bestimmten Formen des Lebens davon weit mehr vorhanden sei als in andern. Unter allen Gebilden der Erde hat der Mensch am meisten von ihr. Das heißt, er hat am meisten dessen, was wir ›Denken‹ nennen – eine höchlichst feine und mächtige Substanz, den äußeren Sinnen unsichtbar und unfühlbar. Je mehr nun ein

Mensch von dieser Substanz sein eigen nennt, desto mehr Leben ist in ihm. Denkende Menschen leben am längsten. Aber unter denkenden Menschen verstehe ich hier nicht Gelehrte oder Bücherwürmer. Denn was diese Würmer anbetrifft, so denken viele von ihnen absolut nicht. Unter denkenden Menschen verstehe ich jene, die immer ein frisches und schöpferisches Denken gleichsam aus sich empfangen. Diese Art Leben oder Denken (ich gebrauche hier auswechselbare Bezeichnungen) erneuert Körper und Geist.

Die Lilie hat Intelligenz genug, um aus dem Samen aufzubrechen, wenn er in die Erde gelegt und von der Sonne angerufen wird. Aber der Mensch hat die gleiche Intelligenz (oder sollte sie haben), um an einem schönen Tag in die Sonne zu gehen und das Leben und die Kraft aufzunehmen, die ihm von der Sonne gegeben werden. Und wenn er es nicht tut, wenn er fünf Sechstel seiner Zeit in der Stube verbringt, ist er eben schwach und bleich wie eine Kartoffelstaude, die man im Keller pflanzt. – Die Lilie hat weiter Verstand genug, um in der Sonne zu wachsen. Wenn du sie im Zimmer ziehst, wird sie nach jener Seite hin wachsen, von der das Licht hereinströmt. Dies tut sie einfach deshalb, weil sie das Licht braucht. Sie weiß, daß sie es braucht, und sie verlangt nach dem, was sie braucht. Denn die Erfahrung hat sie gelehrt, daß ihr das Licht gut tut.

Wir suchen aus ganz genau dem gleichen Grund nach Nahrung, nur nennen wir unser Tun das Ergebnis der Intelligenz. Das Tun der Pflanze nennen wir aber Instinkt. Ein Mensch geht ans Feuer, um sich zu wärmen, denn er fühlt, daß ihm das Feuer gut tut. Es ist angenehm, es an einem kalten Tag zu fühlen. Eine Katze liegt aus dem gleichen Grund in der Sonne. Aber der Mensch bezeichnet sein Gefühl als ›Intelligenz‹, während er jenes der Pflanze oder der Katze ›Instinkt‹ benennt. Worin liegt der Unterschied? Nun, die Lilie mit ihrem beschränkten Leben, ihrer beschränkten Intelligenz ist uns voraus – weil sie sich nicht darum bekümmert oder ängstlich sorgt, was morgen sein wird. Sie plagt sich nicht ab. Sie nimmt aus Wasser, Luft und Sonne und was sonst an Elementen in diesen sein mögen, genau soviel, wie sie für die Minute, die Stunde oder den Tag nötig hat. Genau soviel und nicht mehr. Sie arbeitet nicht, um sich an Wasser, Luft oder Sonne einen Extravorrat für morgen anzulegen, aus Furcht, es könnte morgen vielleicht weder Wasser noch Luft oder Sonne geben; so wie wir arbeiten und spinnen und unsern Extraverdienst gegen die Armut anlegen, die wir fürchten. Wenn eine Lilie dies täte, würde sie all ihre Kraft im Anhäufen solcher Extravorräte verbrauchen und niemals eine vollkommene Lilie werden können, die den Salomo in all seiner Herrlichkeit überstrahlt.

Das Kleid einer Lilie, einer Rose oder einer andern Blume ist an Schönheit und Feinheit des Gewebes, an Zartheit allem überlegen, was menschliche Kunst hervorbringen kann. Unsre feinsten Spitzen, unsre Seiden sind von einer verhältnismäßig toten Schönheit. Sie beginnen zu verfallen und zu welken, sobald sie fertiggestellt sind. Aber die Schönheit der Lilie entfaltet sich bis zum Zustand ihrer höchsten Blüte immer herrlicher. Ein Stoff, der morgen einen leuchtenderen Glanz hätte als heute und ähnliche veränderliche Farbenspiele des Gewebes zeigte, würde gierig gesucht werden, und wenn er auch nur vierzehn Tage überdauerte. Die verschwenderischen Leute, die unsere Mühlen im Gang und das Geld im Umlauf erhalten, *the upper ten thousand*, die für die besten Dinge die höchsten Preise zahlen, würden ihn tragen.

Würde die Lilie mit ihrer beschränkten Intelligenz von der Furcht beunruhigt und geplagt, die Sonne könnte morgen nicht scheinen oder es gäbe kein Wasser mehr oder kein Geld im Hause oder keine Kartoffeln im Keller – sie wäre gewiß eine niedergeschlagene, hilflos und verlassen dreinblickende Blume. Sie würde die Kraft, die sie zum Einsammeln und Aufnehmen jener Elemente verbraucht, die ihr nötig sind, um eine Lilie zu werden, in Angst und Ängstlichkeit verbrauchen. Wenn Geist oder Intelligenz auch nur im geringsten Grad sich solcherart beunruhigen oder Lasten auf sich nehmen, die die ›Forderung des Tages‹ übersteigen, werden sie sich selbst um die Fähigkeit bringen, an Gesundheit, Kraft und Gedeihen für den Tag aufzunehmen, was ihnen wirklich nötig ist. Ich meine hier genau das, was ich sage, und verberge dahinter nichts Metaphorisches, Allegorisches oder Figürliches. Ich meine, daß, wie der Lilie beschränkte Intelligenz oder Geisteskraft, wenn du es so nennen willst, unbeschwert und unbelastet von allem, was das Morgen anbetrifft, einzig die Elemente aufnimmt, die sie für heute braucht, ebenso die menschlichen Geister, wenn sie von Sorge und Ängstlichkeit frei sind, alles erlangen werden, dessen sie bedürfen. Denn die Bedürfnisse der Stunde sind die einzig wirklichen Bedürfnisse. Du brauchst am Morgen dein Frühstück; aber du brauchst nicht heute schon das Frühstück des morgigen Morgens. Doch neun unter zehn von uns sind, mittelbar oder unmittelbar, wegen des Frühstücks des morgigen Morgens irgendwie beunruhigt. Auf diese Weise bringen wir uns mehr oder weniger um die Kraft, die wir zum Genuß, zur Verdauung und zur Aufnahme des heutigen Frühstücks nötig haben.

Wie nun die unbeschwerte, ungeängstigte und sorglose Lilie die Kraft aufnimmt, um zu wachsen und sich aus den Elementen um sich herum in Schönheit zu kleiden, so nimmt auch der sorglose, ungeängstigte Menschengeist tausendfach mehr davon auf, was ihm zur Ausführung seiner Pläne nötig ist, was ihm zu seinem Glück hilft. Du verlierst diese Kraft im Augenblick, wo du beginnst, dir Kummer zu machen. Ich meine hier die Kraft, um irgend etwas zu vollbringen, sei's Predigen, sei's Straßenkehren, sei's Bildhauen. Jeder Kaufmann weiß, daß er sein Geschäft am besten führt, wenn er sich ganz darauf einstellen und alles andre ausschließen kann. Jeder Künstler weiß, daß er sein Bestes nur leistet, wenn sein Geist gänzlich dem Werk der Minute hingegeben ist und vom Werk der Minute verbraucht wird. Er ist dann befähigt, all seine Kraft hinzugeben und, was mehr ist, er zieht so höhere Kraft an sich, denn Kraft, so empfangen, verbleibt für immer.

Ich höre dich sagen: »Ich kann mich von aufreibender Sorge nicht befreien. Die Zeit ist schwer, das Einkommen gering, das Leben teuer. Meine Familie ist groß und muß wohnen, ernährt und bekleidet werden – und alles das lastet Tag und Nacht auf mir. Und da redest du, unter solchen Verhältnissen, von Unbekümmertheit! Alles Unsinn, mein Lieber, Unsinn!« Du siehst, ich habe dir das volle Gewicht deiner Entgegnung zuzugestehen versucht. Wenn du noch mehr sagen willst, tue es. Es ist nämlich genau so ein Unsinn, zu behaupten, du könntest dich, zumindest in der Gegenwart, von aufreibender Sorge *nicht* befreien! Doch diese Frage ändert an dem Ergebnis nichts, das heißt: Kraftverlust durch diese Sorge, tatsächlicher Schaden an Gesundheit, Altern des Körpers und, schlimmer als alles, Verlust oder Abschneidung deiner selbst von der anziehenden Kraft des Geistes, die dir, wenn ihr das freie Spiel wie bei der Lilie gewährt ist, alles gibt, was du nur den Tag über genießen kannst, weil du eben nur genau soviel genießen kannst, wenngleich du zehntausendmal soviel hast oder zu haben glaubst. Ein Mensch kann zur rechten Zeit nur ein einziges Mittagsmahl essen und recht genießen und wenn er auch Geld genug besäße, um sich Tausende kaufen zu können.

Wenn du dich inmitten eines Menschenhaufens befindest, den eine Panik ergriffen hat, mußt du tun wie alle andern und wirst dabei vielleicht zertreten. Das Leben, wie es jetzt von Tausenden gelebt wird, ist ein solcher panikergriffener Menschenhaufen, der den kommenden Mangel oder sonst irgend etwas fürchtet. Furcht aber, aus welcher Ursache immer, entkräftet. Ich sage nicht, daß die Menschen aufhören sollen, sich der Sorge hinzugeben. Ein Wort wie ›sollen‹ steht nicht in meinem Wörterbuch. Die Gewohnheit ist uns angeboren. Unsre Väter haben sich, geschlechterlang vor uns, gesorgt. Aber das ändert ganz und gar nichts an den zerstörenden Ergebnissen des ›Sorgens für morgen‹. Das darin inbegriffene Gesetz tut seine Wirkung und ist in dieser Wirkung unbarmherzig. Es wird dich auf seinem Weg so gewiß überfahren und zermalmen, wie es die Lokomotive tut, der du dich im Geleise entgegenstellst. Du kommst am besten dabei weg, wenn du aus dem Gesetz möglichsten Vorteil ziehst und auf seine rechte Seite zu gelangen trachtest.

Wie das zu machen? Denke hoffnungsvolle Dinge statt hoffnungsloser Dinge! Denke Erfolg statt Mißlingen! So gewiß das Universum festen, unwandelbaren Gesetzen gehorcht, so gewiß wird das Gesetz gefunden werden: »Wenn du helle Dinge denkst, ziehst du helle Dinge an dich!« Wenn du dunkle Dinge denkst, zerschneidest du die unsichtbaren Verbindungsdrähte mit den hellen Dingen und schaffst augenblicklich eine Verbindung mit dem ›Grand circuit‹, dem großen Stromkreis, der die dunklen Dinge anzieht.

Vielleicht wirst du sagen, all das sei etwas sehr Einfaches? Nun, das Aufsprossen eines Samens wird von vielen Leuten etwas sehr Einfaches genannt, obgleich niemand die wirkliche Ursache dieses Aufsprossens kennt. Es ist von diesem Samen nur bekannt, daß er, in die Erde gelegt, wo er Sonnenwärme und etwas Feuchtigkeit findet, aufsprossen wird. Das Steigen und Fallen des Teekesseldeckels über dem Feuer gab James Watt einst die erste Vorstellung von der mächtigen Kraft des Dampfes. Das heißt, er empfing so den ersten Hinweis auf die Kraft im Dampfe oder, besser, hinter dem Dampfe, nämlich auf die Wärme. Aber hinter der Wärme ist abermals eine Kraft. Was ist das nun für eine Kraft? Wir wissen es nicht. Und doch ist all das sehr einfach!

Mann und Frau

Die weibliche Seele hat die besondere Eigenschaft und Fähigkeit, die Dinge der geistigen Welt feiner zu empfinden und zu fühlen. Der männliche Geist dagegen hat vor allem die Kraft, in der Welt der körperlichen Dinge zu wirken.

In der wahrhaften und göttlichen Ehe anerkennt der Mann diese besondere Gabe der Frau, er unterwirft sich ihr und ist glücklich, aus ihr Gewinn ziehen zu können.

Der Körper des Mannes ist, übereinstimmend mit dem besonderen Charakter der männlichen Geistesartung, gröber und nerviger, er ist zu harter Arbeit, wie etwa zum Ackerbau und Militärdienst, weit besser befähigt als jener der Frau. Zugleich ist er entschlossener, unternehmender, und die Gottheit hat ihm die Lust am Kampf und Streit eingepflanzt.

Der weibliche Körper ist zartnerviger als der männliche. Denn die Frau ist es, die eine spirituale Kraft empfängt und dem Mann vermittelt, die feiner und mächtiger ist, als er sie ohne die Frau empfangen könnte. Diese weibliche Kraft formt den weiblichen Körper gemäß der ihr innewohnenden Wesensart.

Denn die Welt der Sinne und die Welt des Geistes (die wir nicht sehen können) sind so innig miteinander verbunden wie Baum und Wurzel.

Die unsichtbare Welt zu durchdringen und zu schauen, was in ihr geschieht, hat die weibliche Seele die höchste Fähigkeit. Wir nennen diese besondere weibliche Fähigkeit und Eigenschaft, die wir übrigens nur unvollkommen kennen und erkannt haben, ›Intuition‹. Und wir sprechen von ihr als von einem Wissen, einer Erleuchtung oder Erkenntnis, die, von innen kommend, außerhalb der Sinneswelt liegende Dinge wahrnimmt. Aber solches Wissen, solche Erleuchtung oder Erkenntnis kommt in Wahrheit von außen. Die weibliche Seele schweift hinaus, fühlt hinaus. Sie durchquert Distanzen: stoffliche Dichtigkeit ist ihr kein Hindernis, sie nimmt ein Ereignis durch Mittel und Kräfte wahr, die wir nicht erklären können. Sie fühlt die Taten, die Beweggründe oder das Wesen eines Menschen, ahnt ein Gutes oder Schlimmes, das kommen will, und trägt diese Vorahnungen in die Deutlichkeit der Sinnenwelt hinein.

Diese Kraft der Frau, in unsichtbare oder geistige Reiche des Lebens dringen zu können, ist eine so durchaus wirkliche und wirksame Kraft wie jene, die eine Last vom Boden hebt. Sie ist bei der Frau größer als beim Mann, der wohl ähnliche, aber dem Grade nach geringere Kräfte besitzt.

Die Frau ist zu religiöser Hingabe mehr befähigt als der Mann, er sei, was er wolle. Denn die fernfühlende Seele der Frau ahnt unbestimmt die großen Wahrheiten und Wirklichkeiten, die allen Religionen zugrunde liegen, obgleich diese Wahrheiten sehr oft entstellt sind.

Der Strom der weiblichen Geisteswelt strömt dem Mann immerfort zu, er ist ein zweckdienlichster Teil seines täglichen Lebens. Dieser Strom, unsichtbar, unhörbar und dem physischen Sinn unfühlbar, ist dem Leben und der Gesundheit des Mannes dennoch so nötig, wie das Vorhandensein des weiblichen Elements im Pflanzenreich nötig ist, um eine gesunde Fruchtbarkeit zu gewährleisten. Denn auch im Pflanzenreiche wirkt der Geist wie im Reiche der Menschen.

Jede Frau, die in einsamen Stunden die Besserung menschlicher Angelegenheiten, die sie nicht verhindern kann, erfleht, die zum Beispiel den Wahnwitz und die Verwüstung des Krieges beklagt und sich sehnend edleren und liebevolleren Zuständen zuwendet, jede Frau, die wünscht, daß des Mannes stürmisches und halsstarriges Wesen von sanfteren Impulsen bewegt werde, sendet so jene starke, unsichtbare, feine Kraft aus, deren Ergebnisse im stillen reifen. Und dieser Strom, den die Frau aus dem höchsten Reiche des Geistes empfängt, vereinigt sich mit dem gleichgearteten Strom andrer Frauen, und so wächst und wächst er an Fülle und Kraft. Das ist das unbewußte ›unaufhörliche Gebet‹. Es ist das geistige Element, das die Welt verfeinert. Es ist, wenngleich unsichtbar und unhörbar, eine wahrhaftige, durchaus wirkliche Kraft, die aber außerhalb der Ursachen und Wirkungen der Sinneswelt wirkt. Es ist die Gottheit selbst, die durch das feine Instrument der Frau das Gute wirkt, und zwar zuerst durch sie, wie sie es immer zuerst durch sie gewirkt hat und wirken wird.

Würde die Sympathie und alles das, was wir das Weibliche nennen, von den Männern einer großen Stadt versuchsweise abgezogen und zum Beispiel einzig dem Geschäfte zugewendet, und zwar solcherart, daß die Frauen für die Männer so gut wie nicht vorhanden wären, dann gäbe es in jener Stadt schon nach wenigen Jahren ein sehr herabgekommenes Geschlecht von ›Herren der Schöpfung‹. Denn es würde diesen Männern im gegebenen Fall eine geistige Kraft fehlen, die sie aufbaut und stärkt. Diese Kraft braucht der Mann in reiferen Jahren so nötig, wie er einst, als er noch ein Kind war, der Erhaltung und Pflege bedurfte. Die Erhaltung und Pflege des Kindes war ein physisches Zeichen der mütterlichen Liebe, und je größer diese Liebe war, um so kraftvoller wurde das Kind. Denn Liebe, echte Liebe, Liebe in ihrem höchsten Sinne bedeutet Leben und Kraft, die weit mehr dauernde Gesundheit und Stärke zu geben haben als Brot und Fleisch.

In unsern Tagen leben sehr viele Ehemänner und Ehefrauen gleichsam in abgesonderten Welten. Der Mann lebt oft nur seinem Geschäfte, seinem Handel, seiner Kunst. Er geht morgens in sein Amt, seinen Laden, seine Fabrik, bleibt tagsüber fort und kehrt erst abends oder nachts heim. In den wenigsten Fällen versteht die Frau etwas von ihres Mannes

Beruf, weiß sie, was er tut und wirkt. Wenn er erkrankt, kann sie ihn nicht ersetzen, wenn er stirbt, ist sie nicht selten auf die Gaben des Mitleids und der Unterstützung angewiesen.

Der Mann bringt die Welt seines Berufes oft mit nach Hause, Handel, Gesetz, Spekulation, Erfindung, Medizin, Kunst, Wissenschaft. Er sitzt bei Tisch und nimmt das Mahl, ist aber noch sehr in Berufsgeschäften befangen. Am Abend ist er noch nicht fertig mit ihnen. Er unterhält sich an der Tafel mit dir, seiner Frau, scheint ganz vergnügt – und schreibt indessen den dringenden Brief an seinen Geschäftsfreund nach Kalkutta.

Wo ist dein Mann in solchen Minuten? Ist er in dem Zimmer, worin sich sein Körper befindet? Nein! Ein Mensch muß durchaus nicht dort sein, wo sein Körper ist. Wenn darum dein Mann eine halbe Stunde lang angespannt an den Geschäftsfreund in Kalkutta denkt, ist von deinem Manne weit mehr in Kalkutta als bei dir.

Wenn dich lange Gewohnheit noch nicht stumpf und gleichgültig gemacht hat gegen ein häusliches Leben in abgesonderten Welten, gegen das Bewohnen eines Zimmers durch zwei Körper, die nur eine halbe Geistesverbindung einigt, dann wird dich Gram befallen und du wirst Enttäuschung und Unruhe fühlen, ohne zu wissen, warum. Dein Mann ist ja sehr brav, wie alle Welt sagt. Er sorgt für alles, was du brauchst, und du hast keinen Grund zu irgendwelcher Klage. Dennoch, dennoch: du kannst ein dunkles Gefühl der Klage nicht loswerden. Du fragst: »Ist dies also die ganze Seligkeit der Ehe? Diese Einförmigkeit des Hauses, des Gatten, der immer auf andern Erdteilen lebt, in nahen und fernen Kalkuttas?«

Wenn du, dir unbewußt, fühllos wurdest und deinen Geist dazu vermochtest, eines Mannes Körper als einen mit gleichem Geiste begabten Gefährten anzunehmen – auch wenn dessen Geist anderwärts ist –, dann mehrst du die Reihen der heutigen Welt von Frauen, deren Männer im

Geiste fast immer in einem nahen oder fernen Kalkutta leben.

Es gibt nämlich eine Welt verheirateter Frauen, die eine abgeschlossene weibliche Welt geschaffen haben. Solche Frauen sind öfter in Gesellschaft von Frauen als in der ihrer Männer.

Seit uralten Zeiten wähnt der Mann, er sei, als der Mensch mit den stärkeren Muskeln, für viele Tätigkeiten weit besser geeignet als das Weib. Aber der gute Mann wußte nicht, daß ihm ohne die Nähe des weiblichen Elements seine Muskelkraft gefehlt hätte und daß, je inniger sich die Sympathien und gemeinsamen Interessen zwischen ihm und seinem Weibe vereinigen würden, seine Geistes- und Muskelkraft nur desto mehr gewönne!

Es blieb dem ›Herrn der Schöpfung‹ unbekannt, daß es immer auch des Weibes Kraft war, die zusammen mit ihm das Werk vollbrachte!

Ohne die Nähe der weiblichen Geistigkeit verbrauchen sich Männer körperlich weit schneller, wie sich bei den Goldgräbern in den entlegenen Minendistrikten des Westens gezeigt hat.

Die abgesonderte Welt der Frauen ist ebenso ungesund und unnatürlich wie die abgesonderte Welt der Männer. Die Frau ist in der Welt des Mannes ein Eindringling. Der Mann ist es in der Welt der Frau. Aber wo das männliche Element das weibliche ausschließt, da ist Verrohung. Und wo das weibliche Element das männliche ausschließt, da stellen sich Enggeistigkeit und empfindsamste Prüderie ein, die endlich ein solches Maß erreichen können, daß sie in allem, was männlich ist, ein Übel sehen.

Es steht aber geschrieben: »Ein Männlein und ein Weiblein schuf er sie.«

Nirgends in der ganzen Natur hat der Geist des unendlich Guten oder Gott eine ausschließlich männliche oder ausschließlich weibliche Welt geschaffen. Das kannst du im Pflanzenreich so gut sehen wie im Tierreich.

Wohl aber ist die weibliche Art zu denken eine andere als die männliche. Die weibliche Art wirkt auf die männliche als Beruhigung, Anreiz oder Inspiration. Das Weib gibt dem Mann eine wirkliche Kraft, die er in seinem Beruf als Künstler oder Kaufmann verbraucht und die er in seiner Unwissenheit oft gänzlich als seine eigene und aus sich geholt betrachtet. Indessen, Frau, dein starker Mann wird nicht imstande sein, nach Kalkutta zu schreiben, geschweige im Geiste dahin zu reisen, wenn du nicht im Zimmer oder wenigstens daheim bist!

Warum ist dem so? Weil ihm das weibliche Element, die Geistigkeit, die er von dir empfängt, die eigentliche Kraft gibt, um nach Kalkutta reisen zu können. Er genießt, wenn du nahe bist, eine wohlige Empfindung, er fühlt ein angenehmes Behagen sich zuströmen, er kann kaum sagen, was es eigentlich ist.

Es ist dein Liebedenken, deine Sympathie, die ihm zuströmen.

Sie nähren ihn wie Brot.

Wenn dein ganzes Liebedenken und -fühlen einem andern Mann oder andern Interessen zuströmten: dein Mann würde sich ruhelos und unwohl fühlen, auch wenn er gar nicht wüßte, daß deine Neigungen nun andre Richtungen genommen haben.

In gleicher Weise verbraucht der Mann die Kraft der Frau in seinem Berufe. Denn Liebe und Neigung, wohin auch gesandt, sind Quellen der Kraft so gut wie Brot oder Fleisch.

Wenn dir aber das Wissen geworden ist, daß du etwas von deinem lebendigen Leben einem andern hingibst und daß du es bist, der jenem andern ein Element zuträgt, das ihn am Leben und in einem Zustande der Kraft erhält – wenn dir dies Wissen geworden ist und du nicht die Forderung nach der Gegengabe erhebst, dann, Frau, begehst du einen Fehler.

Worin besteht die Gegengabe, die dir werden soll? Das Denken und Sinnen deines Mannes soll während eurer gemeinsamen Mußestunden *dir* zuströmen – und nicht dem erwähnten Geschäftsfreunde. Es soll dir zuströmen, ununterbrochen, wie es dir einst zuströmte, als dich dein Mann gewinnen wollte. Solches Denken und Sinnen würde dich geistig und körperlich erfrischen und stärken, wie es dies damals tat. Du empfingst von ihm in der Zeit deines Brautstandes ein Element, das dir eine Quelle der Freude war. Du empfängst jetzt nicht so viel davon. Und du fühlst den Verlust.

Dein Mann hat ein Recht darauf, die Kraft, die er von dir empfängt, in seinem Berufe zu verbrauchen. Aber er hat nicht das Recht, abends heimzukommen und sie auch dann noch von dir zu nehmen.

(Übrigens leidet der Beruf des Mannes darunter, wenn sein Geist Tag und Nacht, zur Mahlzeit und zu allen Stunden mit ihm beschäftigt ist. Solche Gewohnheit reibt den Mann frühzeitig auf und führt zu Schlaflosigkeit und Wahnsinn.)

Feinere, höhere Gedanken und Ideen werden immer zuerst vom weiblichen Geist aufgenommen. Und der überträgt diese Gedanken und Ideen (es sind Kräfte!) anschließend dem männlichen Geiste, zu dem er sich am innigsten hingezogen fühlt.

Der Austausch und die Vereinigung der männlichen und weiblichen Geistigkeiten ist für die körperliche Kraft und geistige Gesundheit beider eine absolute Notwendigkeit. Würde dieses Gesetz besser verstanden und praktisch ausgewirkt: Mann und Frau würden sich in der Ehe weit höhere und gesündere Verhältnisse schaffen. Denn solches Geben und Empfangen, solcher Austausch der weiblichen und männlichen Geistigkeiten bringt Frucht hervor, die in keiner anderen Weise erreicht werden kann. Unter Frucht verstehe ich hier: starke, elastische und geschmeidige Muskeln; erhöhte Fähigkeit, aller Dinge froh werden zu können; steten Aufbau der Geister statt Verfall.

Was den Geist aufbaut, baut den Körper auf.

Die fehlende Vereinigung der beiderseitigen Interessen und Beschäftigungen läßt übrigens auch die Liebe schwächer werden. Liebe heißt nicht: erdulden, ausdauern, durchhalten. Die Frau wird in der Ehe den Mangel an Liebe fühlen, wenn sie sich sagen muß, daß sie all der Aufmerksamkeit ihres Mannes verlustig ging, die er ihr einst, in glücklicherer Zeit, erzeigte. Denn Liebe, echte Liebe verlangt nach immer innigerer Gegenliebe. Sie will gefallen, immer mehr gefallen und immer liebenswerter sein.

Liebe ist allerwirklichstes Leben. Wo keine Liebe, da ist Tod.

Die Unnatur der Welt, in der heute so viele Frauen leben, ist eine Hauptursache ihrer Verdrossenheit und Heftigkeit. Sie beraubt sie der Anziehungskraft auf das andere Geschlecht. Die Frauen werden allmählich dazu gebracht, keinen Wert mehr darauf zu legen, anziehend zu sein. Sie vernachlässigen Kleidung und persönliche Erscheinung. Diese Welt nimmt ihrem Leben eine der belebendsten Quellen – sie werden zuletzt beschränkt, kleinlich, klatschsüchtig oder vergrämt.

Weil eben Frauen – mag auch ihr Wollen das beste sein! – vom ausschließlichen Verkehr mit Frauen nicht jene Kraftflut und frische Befeuerung empfangen können, die ihnen aus der männlichen Geistigkeit zuströmt!

Anderseits verliert der Mann durch den unnatürlichen, ausschließlichen Verkehr in männlicher Gesellschaft den belebenden Strom der weiblichen Geistigkeit.

Viele Paare, die in der Ehe nicht das Glück fanden, das sie erwartet oder während ihrer Brautzeit empfunden haben, können heute das Paradies der Ewigkeit füreinander und miteinander frisch und fröhlich neu aufzubauen beginnen, wenn sie sich nur entschließen wollten, dort anzufangen, wo ihr Glück einst endigte – und wenn es der Altar wäre! Mit der Erneuerung all der kleinen Zärtlichkeiten und Aufmerksamkeiten, die jene selige Periode kennzeichneten; mit dem löblichen Wunsche, einander durch Sorgfalt, Geschmack und Nettigkeit der Kleidung zu gefallen; mit der Beherrschung der Laune und des Benehmens beim Zusammensein; mit der Unterlassung verletzender oder sarkastischer Worte; mit der Wiederaufrichtung jener Schranken und Förmlichkeiten der Etikette, die zu mißachten oder zu verwerfen einem Manne oder einer Frau niemals gut tun. (Wenn du diese Schranken zerstören läßt, zerstörst du auch die Achtung vor deiner Persönlichkeit. Soviel Achtung verloren – soviel Verachtung gewonnen!)

Wenn dein Mann in dein Zimmer stürzt, um seinen Groll an dir auszulassen, wenn er für die Heiligkeit dieses Raumes und deiner Gegenwart nicht mehr Gefühl hat als für seinen Stall: dann sei dessen gewiß, daß seine Achtung für dich zum guten Teil dahin ist.

Aber auch die Frau kann in dieser Hinsicht des Mannes Gebiet verletzen.

Mann und Frau sollten damit beginnen, sich zu fragen, ob, was das eine tut, dem andern wohlgefallen kann; beginnen mit Beschäftigungen, woran einst beide Freude fanden, so daß der für Mann und Weib gleich nötige Zusammenstrom der Lebens- und Geisteskräfte beide an Geist, Seele und Körper aufrichte und so das Glück der Ehe begründe.

Neues Denken

Neues Denken ist neues Leben. Der Erfinder oder Entdekker, dem das Geheimnis aufging, dem die Erfindung, die Entdeckung glückte: er ist von Freude und Seligkeit erfüllt. Das Blut in seinen Adern pulst mit frischerem Drang. Den Dichter, den Schriftsteller reißt ein neuer Entwurf zur höchsten Begeisterung hinan. (Ich denke hier an die wenigen schöpferischen Dichter oder Schriftsteller und nicht an die vielen, die sich das Feuer des Genies borgen, um es in ihre Laternen zu stecken und dann – nicht selten mit Erfolg – als ihr eigenes Licht weiterzugeben!)

Wie herrlich wäre es, könnten wir uns an jedem Morgen mit der zweifellosen Gewißheit erheben: der Tag werde uns mehr oder weniger von dem Entzücken bringen, das die Entdeckung von etwas für uns und andere Nützlichem und Erfreulichem bereitet, von etwas Ewigem für uns und andere, von etwas Unerwartetem, das aus der Wahrheit, die uns gestern vollendet schien, heute neu erblüht, von etwas, das uns kundtut, wie das Leben noch reicher an dauerndem und schuldlosem Genuß gemacht werden könne; ein Tag der Entdeckung eines großen Gesetzes oder Prinzips in der Natur, das sich vielleicht gerade an einem der sogenannten ›kleinen Dinge‹ zum ersten Male offenbart – wie ja Galilei das Gesetz der Pendelbewegung durch das Schwingen einer Ampel oder Jacquard das Prinzip seiner Webmaschine an der Bewegung der Hand ersah, mit der seine Frau den Töchtern kämmend durch das Haar fuhr; ein Tag, an dem uns die kleinen Dinge des Lebens neue Worte sagen – das Fallen eines Blattes und sein Farbenspiel im herbstlichen Schauer, sein Leuchten, das es in eine Farbenfrische taucht, als ob des Frühlings Wärme es durchglühte.

Es gibt Myriaden von immer neuen Bildern und Gedanken und Ideen, die die Natur uns anregt und die sie nicht müde wird, immer wieder so gern in den offenen, empfänglichen, unverdorbenen Geist hineinzuschreiben; in den Geist, dessen Seiten noch nicht mit den Meinungen oder Lehrsätzen oder Vorurteilen anderer vollgekritzelt sind und der das Geschriebene mit eigenen Augen zu lesen vermag.

Welche Freude für einen solchen Geist, sich heute mit einem stärkeren Können begabt zu sehen, wo er gestern noch verzweifeln wollte; eine Verlängerung der Ausdauer in quälend-lästiger Arbeit zu erkennen, ein Erstarken des Mutes, eine Steigerung des Empfindens für Schönheit, die nun geschaut wird, wo ihr gestern noch mit Gleichgültigkeit begegnet wurde, ein Anwachsen der Kraft, ungezügelte Gier zu bändigen, eine Erhöhung des Vermögens, unfreudiges und deshalb schädliches Denken hinwegzubannen!

Würde das nicht ermutigen, aufmuntern und Leben und Gesundheit geben? Und diese neue Art Denken kennt kein Ende, nach keiner Richtung hin! Dieses Denken dächte: »Bist du heute tüchtig gewesen? Du wirst morgen noch tüchtiger sein! War deine letzte Leistung als Maler, Dichter, Schauspieler oder Redner dein größter Erfolg? Du wirst diesen Erfolg morgen noch vergrößern!« – Das Bewußtsein eines solchen endlosen Wachstums ist der sich weitenden Seele eine andere Nahrung als Brot – und doch ist es ihr Brot. Es ist das ›Brot des Lebens‹ und sollte als ›unser täglich Brot‹ verlangt werden.

Würde uns der Gedanke an eine erhabenste Kraft, an einen unendlich weisen Geist, der an jedem Morgen immer neu bereit wäre, uns das Wissen zu geben, das uns durch Qual und Leid und Störung hindurchhülfe – durch Leiden von innen und Leiden von außen: würde uns ein solcher Gedanke und das trostreiche Vertrauen, das er erzeugte, nicht Nahrung, Anreiz und Stärkung sein?

Er würde es sein, zumal wenn uns der Beweis von seiner Kraft und seinem Vermögen, uns helfen zu können, viele Male zuteil geworden wäre, so daß sich unser Hoffen zur Überzeugung und Gewißheit gewandelt hätte. Wird nun aber gefragt, wie diese Kraft zu erlangen sei, wie wir uns ›in Harmonie mit dem Unendlichen‹ oder mit allem Guten, Schönen und Nützlichen zu setzen hätten, dann ist es fast albern, zu antworten: »Lebe ein reines Leben!« Denn ›ein reines Leben leben‹ schließt so vieles ein, was hier getan und dort unterlassen werden soll, so viel Überkommenes, Veraltetes und Abgetanes – Schwierigkeiten, die zu überwinden und Verhältnisse, die nicht leicht zu schaffen wären.

Ich möchte das Nützliche immer auch mit dem Schönen verbunden sehen!

Der Wunsch nach Besitz scheint ein Gesetz der menschlichen Natur zu sein. Es wirkt sich auf niederem Plan als Geldanhäufung aus und will in seiner höheren Auswirkung Kräfte und geistig-seelische Eigenschaften mehren. »Ich bin nun um hundert oder fünfhundert Dollars reicher, als ich an diesem Morgen war!« denkt mit Befriedigung der Geldanhäufer am Abend seines Tages. Dieser Gedanke ist ihm ein Bissen vom Brot des Lebens, aber nicht des ›ewigen‹ oder endlich auch nur eines gesunden Lebens. »Ich«, so mag ein anderer am Abend seines Tages denken, »ich bin nun reicher an Geduld geworden, ich bin in meiner Kunst um ein Stückchen weiter gekommen, es ist mir heute eine Erkenntnis aufgegangen, die ich vor vierundzwanzig Stunden noch nicht hatte!«

Es gibt in der Vergangenheit eines jeden Menschen Tausende von Dingen, Erlebnisse und Begebenheiten, an die zu vergessen weit nützlicher ist, als sich ihrer zu erinnern. Vergessen öffnet neuem Denken die Tür, Erinnerung, Hingegebenheit an Vergangenes hält sie ihm verschlossen. Das Leben ist ein ewiger Vormarsch! Wer marschiert, für den ist's besser, vorwärts zu schauen. Und wir kommen alle vorwärts – der Dümmste, der Unbeholfenste und Störrischeste unter uns. Eine mächtige, ewige, unbegreifliche Kraft drängt und reißt uns alle vorwärts, doch im Vorwärtsgetriebensein zögern viele und sehen zurück; sie widersetzen sich unbewußt der drängenden Kraft und locken so Übel, Schmerz und Krankheit an sich.

Denn worauf der menschliche Geist eingestellt ist und was er am meisten betrachtet, das wird ihm. Und ein stetes Denken und Vorstellen muß zuletzt in der Welt der sichtbaren und greifbaren Dinge Form und Gestalt gewinnen.

Ich habe diese Behauptung in meinen Büchern oft und verschiedentlich ausgesprochen, weil mir diese Tatsache als der Angelpunkt allen Glücks und Elends, aller dauernden Gesundheit und Wohlfahrt oder aller Armut erscheint. Unser Denken ist wie ein unsichtbarer Magnet: es zieht dasjenige, was in der Welt der sichtbaren und greifbaren Dinge mit ihm übereinstimmt, unaufhörlich an. Je kräftiger wir dies erfassen, um so mehr werden wir darauf achten, unser Denken in rechte Richtung zu leiten. Wir werden immer mehr und mehr darauf achten, Gelingen und Erfolg zu denken statt Elend und Fehlschlag.

Das Leben ist reicher an Möglichkeiten der Freude, als je gedacht wurde. Wahres Leben bedeutet ein unaufhörliches und immer mächtigeres Reifen. Es bedeutet die Erhaltung des physischen Körpers, so daß der Geist sich seiner bedienen kann, wann immer er sich seiner bedienen will. Es bedeutet die Erhaltung des Körpers in einem Zustande, der nicht allein frei ist von Krankheit und Schmerz, sondern auch von Entkräftung, Schwäche und Verfall, kurz, von allem, was wir Altern oder Alter nennen. (Alter entsteht, wenn dem Geist das Wissen fehlt, wie er das Instrument, dessen er sich bedient und das er stetig abnützt, wieder herstellen und verjüngen kann!) Leben bedeutet die Entfaltung von inneren Kräften und so die Schaffung von Freuden, die der kühnsten Dichtung spotten. Es bedeutet eine immer neue Frische, ein immer bereites Aufnehmen und Erleben dessen, was im Weltall groß und schön und wundersam ist, ja ein immer neues Finden neuer Größe und Schönheit und Herrlichkeit und eine immer höhere Fähigkeit unserer Gemütskräfte, solch Glück ertragen zu können. Das Leben ist ewig im Finden und Schaffen dieser Freuden, deren Quell unerschöpflich ist und von denen wir nichts wissen, ehe wir ihre Art und Eigenschaft erfahren haben. Die Schrift spricht davon mit den Worten: »Das kein Auge gesehen hat und kein Ohr gehöret hat und in keines Menschen Herz kommen ist, das Gott bereitet hat denen, die ihn lieben.«

Die sogenannten alltäglichen Dinge schenken unserem Leben und unseren Sinnen nur einen dürftigen Teil der Freude, die sie uns zu schenken vermöchten. Unsere Nahrung zum Beispiel könnte unserem Geschmacksinn weit mehr Freude bereiten, als sie es heute tut. Wir empfangen durch das Ohr und Auge durchaus nicht jenes Entzücken, das wir durch sie empfangen könnten. Höher entwickelten und verfeinerteren Körpern müßte die Nahrung wie ein gesundes Reizmittel sein, daß auf sie mit jener belebenden und erfrischenden Kraft wirkt, die das junge Tier vor Freude hüpfen macht.

Das Spiel jedes Muskels – wie etwa beim Gehen – kann zum Freudenschenker gemacht werden.

Durch die Befolgung des Gesetzes der geistigen Welt wird uns in Hinkunft jener Seelenfriede werden, ›der höher ist denn alle Vernunft‹. Daß wir diesen Zustand in der Vergangenheit noch nicht erreicht haben, beweist nicht, daß wir ihn in der Zukunft nicht doch erreichen werden. Dann ist das Leben, mögen seine Kräfte tätig sein oder ruhen, ein unvergängliches Elysium!

Freilich, heute blicken Millionen von Geschlechtern ganz und gar nicht nach so freudevollen Möglichkeiten aus, ja sie haben kaum von ihnen gehört – und wenn man ihnen davon erzählte: sie würden ja doch nichts davon glauben!

Welchem Glauben sind sie also ergeben?

Einem Glauben, der mit jedem Jahre stärker wird und etwa bekennt:

Das Leben ist kurz. Alter und Verfall sind unzweifelhafte Gewißheiten, die früher oder später jeder erfährt. Nach einer gewissen Anzahl von Jahren müssen die Kräfte des Körpers unweigerlich abnehmen, und jeder Mensch muß zu einer gegebenen Zeit ebenso schwach und gebrechlich sein wie die alten und gebrechlichen Männer oder Frauen, die er heute vor sich sieht. Das große Ziel des Lebens muß deshalb darin bestehen: Geld, recht viel Geld aufzuhäufen als ›Vorsorge fürs Alter‹.

Nun, diese Dinge zu betrachten, ist nicht sehr angenehm, und viele tun es auch nicht. Sie schließen die Augen vor den düsteren Bildern ihrer Zukunft – glauben aber nichtsdestoweniger an diese Bilder. Sie glauben – und fürchten sich weiter. Doch indem sie daran glauben, drängen sie ihren Geist diesem Glauben zu, hängen und haften sie an diesen Glauben. Und ein solches Vorwärtsdrängen, einem geglaubten Ding entgegen, macht dieses Ding endlich zur stofflich-sichtbaren Wirklichkeit.

Die ›Vorsorge fürs Alter‹ erzeugt das Alter des Körpers, denn der Mensch, der vorsorgt, sieht sich jahrelang siech, verfallen und hilflos. Was der Geist in die Zukunft hineinsieht, das macht er aus der Zukunft. Man verläßt sich auf ein stoffliches Ding, auf Geld, damit es einen von allen Übeln heile, wenngleich alle stofflichen Dinge völlig machtlos sind, diese Übel zu verhindern. In Schmerz und Angst ist der Fürst dem Bettler gleich, denn im größten Elend gewähren auch ein weiches Daunenbett und zahllose Wärter wenig oder gar keine Erleichterung.

Im Neuen Testament, das die letzte Offenbarung ist, erkennen wir die Lehre Christi und seiner Jünger voll eines Gefühls des Lebens, des ›ewigen Lebens‹. Der Tod gilt dort nicht als eine absolute Notwendigkeit: er ist vielmehr nur der Feind, der zuletzt aufgehoben wird.

Nun ist niemals verkündigt worden, es könnten größere Offenbarungen nicht vor Ablauf von Millionen und aber Millionen Jahren geschehen. Die Morgenröte solcher Offenbarungen dünkt mich heute angebrochen. Nicht, weil heute ein paar Leute es sagen oder schreiben, sondern weil heute viele Geister zur Aufnahme der größeren Offenbarung bereitet sind, die jahrhundertelang an die Pforte der Menschheit pochte, aber nicht eingelassen wurde, weil das Ohr der Menschheit, die sie wecken und der sie wohltun wollte, in all der Zeit zu dumpf und stumpf gewesen ist.

Die einzigen Toten im Weltall sind die Geistig-Toten. Es sind jene Menschen, die noch nicht gelernt haben, Nahrung aus dem Geist zu ziehen, und die erdgebunden leben von toter, träger Materie und abhängig von ihr

Noch rufen die wenigen, die Vordersten: »Hier mitten unter uns und um uns und in uns und nirgends sonst ist die größte aller bewegenden Kräfte! Der Gedanke schnellt aus unserem Geist gleich der Elektrizität, er tötet oder heilt, baut auf oder reißt nieder, wirkt Gutes oder Schlimmes in jedem Augenblick, bei Tag und Nacht, im Schlafen oder Wachen, er meißelt und formt unsere Gesichter und macht sie angenehm oder häßlich.

Ehe du so viele deiner Gedanken anderen gibst, frage dich angesichts dieser Möglichkeiten, ob du dir selbst nicht einige schuldig bist. Wenn du in die lebendige Kraft hineinwachsen kannst, wenn du mit anderen beweisen kannst, daß körperliche Gesundheit und Rüstigkeit an Stelle des Alters treten können, daß jegliche Krankheit vom Körper hinweggebannt bleiben kann, materielle Reichtümer und Bedürfnisse aus Gesetzen und Methoden zu erfließen vermögen, die heute noch nicht befolgt und angewendet werden, wenn du endlich beweisen kannst, daß das Leben nicht jenes karge, unbefriedigende, hoffnungslose Etwas ist, das es heute auch in den besten Fällen noch ist: ja, wirst du dann nicht der ganzen Welt unsagbar mehr Gutes tun, als wenn du den Gedanken dazu verwendest, ein paar hungrige Mäuler zu sättigen oder ein paar körperliche Leiden zu lindern?«

Und was ist das Ende unserer reichsten Leute, unserer Herrscher, unserer großen Männer in Kunst und Wissenschaft, unserer Berühmtheiten, unserer Feldherren, Professoren, Minister? Schwäche, Verfall, Krankheit, Tod! Die gescheitesten Leute bekennen, daß die Zeit, in der sie endlich einigermaßen gelernt hätten, wie zu leben wäre, die Zeit ihres Hinsterbens sei.

Die Menschheit verlangt nach etwas Besserem. Und dieses Verlangen, dieser Ruf der Sehnsucht ist in vielen Jahrhunderten mächtig angewachsen. Jedem ernsten Verlangen, wird Antwort – und diesem Verlangen wird nun Antwort: zunächst an die wenigen und an die vielen.

Neues Licht, neues Wissen und neue Erfüllungen des menschlichen Lebens mit allem, was ihm zugehört, strömt auf die Erde her.

Materialist contra Spiritualist

Jeder Mensch besitzt einen geistig-seelischen Wesensteil, der Zeitalter hindurch gewachsen und geworden ist – und einen stofflichen Wesensteil, den physischen Körper, der sozusagen erst gestern in sichtbare Erscheinung trat.

Es gibt Materialisten und Spiritualisten, das heißt: stofflich gerichtete und spirituell gerichtete Geister. (Man könnte auch von ›Idealisten‹ und ›Realisten‹ sprechen, könnte den Dichter dem Wissenschaftler oder den gläubigen dem ungläubigen Menschen entgegenstellen, um die hier gemeinten Geistigkeiten zu kennzeichnen.)

Der Geist ist eine Kraft und ein Geheimnis. Wir wissen von ihm lediglich, daß er da ist und daß er, immer am Werk, alles, was uns in der Körperwelt sichtbar ist, hervorbringt. Und daß er noch weit mehr in jener Welt schafft, die uns unsichtbar ist.

Was wir von einem Dinge sehen, was uns als Baum, Tier, Mineral oder Mensch erscheint, ist nur ein Teil des Dinges, des Baumes, Tieres oder Menschen. Es gibt eine Kraft, die die Natur und ihre Formenwelt ›im Innersten zusammenhält‹. Diese Kraft entfaltet die Blume zur höchsten Schönheit – und läßt sie auch wieder welken. Sie verändert unaufhörlich die Formen und Gestalten alles dessen, was wir organisch nennen. Tier, Pflanze oder Mensch haben in diesem Monat oder Jahr nicht die gleiche physische Gestalt, die sie im nächsten Monat oder Jahr haben werden.

Diese ewig-tätige, ewig-verwandelnde Kraft, die hinter allen Dingen liegt und in gewissem Sinne alle stofflichen Formen schafft, nennen wir Geist.

Den Dingen des Lebens in der Erkenntnis dieser Kraft nachsinnen, sie so anschauen und beurteilen, bedeutet für mich: spirituell gerichtet sein, spirituellen Geist haben.

Der spirituelle Geist wird in uns erweckt, wenn wir uns die Frage vorzulegen beginnen: »Warum ist im physischen Leben so viel Schmerz und Qual und Enttäuschung? Warum scheinen wir nur geboren, um zu leiden und zu verfallen?«

Ja, solche Fragen sind die Erweckungen des spirituellen Geistes. Aber jeder Frage, ernsthaft gestellt, wird zur gegebenen Zeit Antwort, jedem ernsten Verlangen Erfüllung.

Was ist stofflich gerichteter Geist, ›materieller‹ Geist?

Ein Kind sieht den Dampfer fahren und fragt dich um Bescheid über die Bewegung.

Du sagst ihm: es seien die Räder, deren Kraft das Schiff in Bewegung setzt und in Bewegung erhält. Du sagst ihm nichts vom Dampfe als der motorischen Kraft.

Wächst das Kind in solcher Unwissenheit heran, so wird es, wenn die Räder einmal stille stehen, die Ursache des Stillstandes nur bei den Rädern suchen. Es weiß ja nichts vom Dampfe.

So wird stofflich gerichteter Geist gezüchtet.

Ein Mensch bekennt: »Mein physischer Körper ist alles, was ich besitze. Ich leugne alles Unsichtbare. Ich betrachte den Tod als mein gänzliches Aufhören, als mein Ende ohne Fortsetzung. Es gibt für mich keine Kraft als diejenige, die in meinen Muskeln und Sehnen steckt. Außerhalb meines sichtbaren Körpers gibt es für mich keine Kraft.«

Es ist das Bekenntnis eines stofflich gerichteten Geistes, eines Materialisten.

Ein anderer Mensch bekennt: »Mein sichtbarer Körper ist lediglich ein Instrument des Geistes oder jenes meines wirklichen Ichs, das sich ins Fleisch begab. Mein körperlicher Tod ist durchaus nicht mein gänzliches Aufhören, mein Ende ohne Fortsetzung. Was die Menschen Tod nennen, ist lediglich der Abschied des Geistig-Seelischen vom Stofflich-

Körperhaften. Ich weiß, daß ich als Geisteswesen weiterlebe, auch wenn ich dem irdischen Auge unsichtbar geworden bin!«

Es ist das Bekenntnis eines spirituell gerichteten Geistes, eines Spiritualisten.

Der Materialist, in eine Welt des Todes, der Auflösung und des Verfalls hineingestellt – Tod, Verfall und Auflösung bedeuten ihm Endgültigkeiten: – er mag von Trauer befallen werden, von Schwermut und Wehgefühl der Vergänglichkeit. Und seine Weisheit mag sich zuletzt in der Maxime erschöpfen: »Das Leben ist kurz – also will ich es genießen!«

Die Frucht der Freude des Unweisen ist hundertfältige Qual und Enttäuschung.

Der Spiritualist erkennt in der Freude ohne Schuld das große Ziel des Lebens. Er öffnet sich höheren, neueren Lebenskräften und lehrt, daß es ein Gesetz gibt, das den Gebrauch der körperlichen Sinne regeln kann. Wer dieses Gesetz erlernt und ihm folgt: dem wird die Freude nicht mehr zum Quell des Leids.

Unter spirituellem Geiste ist auch eine klarere mentale Schau jener in uns und im Weltall vorhandenen Dinge und Kräfte zu verstehen, von denen die heutigen Menschen noch so gut wie gar nichts wissen. Wir haben vorerst kaum mehr als eine Ahnung von diesen Kräften, die sich bei manchen Menschen verhältnismäßig stärker äußern als bei anderen. Aber es ist genug offenbart worden, um die Wenigen zu überzeugen, daß die eigentlichen Ursachen der Krankheiten der Menschen, ihrer Kümmernisse und Enttäuschungen in der Vergangenheit gar nicht erkannt worden sind. Die Menschen waren Kindern gleich, denen man gesagt hatte, die Flügel der Windmühle treibe der Müller drinnen mit den Armen. Sie wußten nichts vom Winde.

Man nehme dies nicht als Übertreibung, sondern als Kennzeichnung. Im wesentlichen betrachtet der Materialist die Dinge solcherart oder ganz ähnlich.

Solange der Materialist von den Wahrheiten, die er durch den spirituellen Geist unaufhörlich empfängt, nicht gewonnen und überzeugt ist, wird er sich ihm widersetzen. Langgehegte Ansicht aufzugeben, Irrtum einzubekennen, lernen und umlernen wollen: es ist nicht jedermanns Sache. Und zumal der Materialist ist sehr bald ›schon zu alt dazu‹! – Er will ›in der Gewohnheit trägem Gleise‹ behaglich weiterleben! Er will keine geistigen Übersiedlungen in neue Wohnungen vornehmen! Es gefällt ihm in den Zimmern mit dem alten Hausrat, in die er sich schon eingelebt hat, am besten!

Sprich ihm von ewiger Jugend, von ewiger Freude, von der Überwindung des Todes, von Unsterblichkeit, sprich ihm von den geheimnisvollen Erfahrungen der Mystiker, vom kräftigenden Erlebnis der Glaubensmenschen – er wird alles als Unsinn bezeichnen, als Schwärmerei, Märchen, Altweibergeschichte.

Der Spiritualist weiß eine Allerhöchste Kraft wirksam, der er sich im Geiste hingibt und aus der er Geist und Kraft empfängt. »Alle gute Gabe und alle vollkommene Gabe kommt von oben herab, von dem Geiste des Lichts« – es sind Worte eines spirituellen Geistes (Ep. Jacobi, I. 17).

Ist der spirituelle Geist einmal in einem Menschen aufgewacht, so wird aus dem ersten Dämmer der immer hellere Tag der höheren Erkenntnis. Dieser spirituelle Geist wächst und wächst, bis er das ganze Wesen eines Menschen ergreift. Der Körper wird nun der willige Diener des spirituellen Geistes, dem er nicht mehr widerstehen will.

Es gibt Menschen, die durch Selbstpeinigung, durch Selbstverurteilung und Selbstbestrafung für begangene Sünden oder durch Kasteiung den materiellen Geist überwinden oder, wie man früher sagte, den Teufel austreiben wollen. Solche Menschen werden leicht auch gegen andere rauh, streng und unbarmherzig und bringen es damit doch nur bis zum Scheinheiligen. Heiligkeit (›holiness‹, ›wholeness‹) bedeutet für mich wortwörtlich ›Ganzheit‹ oder gänzliche Herrschaft des Geistes über das Körperhafte.

Wer mit sich selber die Geduld verliert, wer, weil die ›Materie‹ wieder einmal Macht über ihn gewann, oder weil er einer Versuchung nicht zu widerstehen vermochte und darum reizbar und übellaunig wurde, wer nach Sünde oder Vergeudung von Kraft sich selber in Worten und Gedanken schilt: der tut sich damit nichts Gutes! Nenne dich niemals einen ›elenden Sünder‹ und nenne niemals einen anderen so! Denn Gedanken machen dich oder ihn, den du so nennst, als elenden Sünder zu einer Wirklichkeit. Herbe Unfreundlichkeit, Frömmelei, Bigotterie, Härte, starre, düstere Lebensanschauung: solche geistige Verfassung ruft sicherlich physische Erkrankung hervor.

Ist der materielle Geist einmal überwunden, ist uns einmal die Überzeugung geworden, daß es sowohl in uns als außer uns spirituelle Kräfte gibt, die wir nur recht gebrauchen lernen müssen: dann werden wir, wie Paulus sagt, den Glauben verschlingen in den Sieg und dem Tod seinen Stachel nehmen. Das Leben wird dann ein herrliches Vorwärtsschreiten sein – ein Schreiten von der Freude des heutigen Tages zu der größeren Freude des nächsten Tages! Ja, das Wort ›Leben‹ wird nichts anderes bedeuten als ›Freude‹.

Bann

Einwirkung anderer Menschen auf uns, sie sei gewollt oder ungewollt, Gedanken, die sich unserer bemächtigen, wenn wir Dingen, Szenen oder Begebnissen hingegeben sind, vermögen uns in einen Zustand zu versetzen, der für uns Gutes oder Schlechtes ergibt, Krankheit oder Gesundheit, Reichtum oder Armut.

In solchem Hingegebensein oder Hingenommensein liegt das Geheimnis dessen, was in früherer Zeit mit dem Worte ›Bann‹ (Zauber, Bezauberung) bezeichnet wurde.

Durch die Kraft eines Gedankens kann jeder Mensch in einen Seelenzustand gelangen, der ihn zwingt, dieser Kraft gemäß zu handeln. Er kann ›gebannt‹ werden und muß im Bann leben.

Solcher Bann ist ein Ding alltäglichen Geschehens.

Wer sich der Betrachtung einer großen Gegend eine Stunde lang hingibt, ist durch angenehme, große Gedanken gebannt. Wer eine Stunde in einem Grabgewölbe verbringt, umgeben von Totengebein und Särgen, ist von Grauen und Düsternis gebannt. Wer tagelang im Kreise einer Familie leben müßte, deren Mitglieder ihn hassen oder doch Vorurteile gegen ihn hegen, würde den Bann der Niedergeschlagenheit oder doch eines unbehaglichen Gefühls verspüren. Lebte er unter Menschen, die ihm mit freundlichen Gedanken begegneten, er würde in den Bann freudigen Gefühls geraten. Kranke können von dem Raum und von den Dingen, die sich in ihm befinden, gebannt werden. Gleiche Dinge rufen immer wieder die gleichen Gedankenreihen herauf. Aber Wiederholung ermüdet. Ermüdung der Seele schafft

Kleinmütigkeit. Der Kleinmütige sieht Gegenwart und Zukunft in trübem Lichte und jede Möglichkeit zeigt ihm vor allem die Schattenseite, ja, nur diese. »Ach! wenn man so in sein Museum gebannt ist und sieht die Welt kaum einen Feiertag« – sagt der trockne Schleicher Wagner im ›Faust‹.

Kleinmütiges Denken zieht den Körper nieder. Der Famulus Wagner ist kein Mann, sondern ein Männlein. Modernde, verstaubte Bücher und Pergamente bannen ihn.

Übrigens vermögen uns auch Dinge, denen wir wenig Beachtung schenken, zu bannen. Alles Irdische, vom Straßenstein bis zum Menschen, strahlt Kraft oder Bann zum Guten oder Schlechten. Und es liegt an uns, damit fertig zu werden.

Nimm deine Zimmereinrichtung, etwa den Stuhl. Er atmet nicht nur die Welt seines Herstellers, es haften an ihm auch die Stimmungen all derer, die je auf ihm saßen. An diesem Bette haftet noch etwas von den Menschen, die in ihm schliefen. Stoff und Geist sind inniger miteinander verwoben als allgemein angenommen wird. Dumpfheit, Engherzigkeit, Freudlosigkeit und Siechtum teilen sich den Mauern und Möbeln der Räume mit, die ein dumpfer, engherziger, freudloser oder siecher Mensch bewohnt. Und wer sich als empfänglicher und empfindlicher Mensch auch nur einen Tag lang in solchen Räumen aufhält, wird die bedrückende, atembenehmend engende Kraft verspüren, er wird den Bann fühlen, der aus der schweren Luft und aus Mauern und Möbeln beklemmend haucht. Da gilt's Widerstand! Und es ist nicht leicht, auch nur vierundzwanzig Stunden lang in der muffigen Luft, die von den Miasmen der Verwesung erfüllt ist, zu verbleiben.

Es ist auch nicht günstig, in einem Raume krank zu liegen, wo andere Menschen krank gewesen oder gestorben sind. Die Atmosphäre haucht dort nicht Gesundheit – ein Stuhl, ein Bild, ein Trinkglas, jedes Ding gemahnt an Krankheit und Tod. Die unsichtbaren Kräfte sind stärker als die sichtbaren.

Jene schlichten ›Wilden‹, die nach dem Tode eines der Ihrigen nicht nur sein Wohnhaus, sondern auch noch alle Gegenstände verbrennen, deren sich der Verstorbene im Leben bediente, jene Wilden wissen von den nützlichen und schädlichen Kräften der Natur vielleicht weit mehr als wir ›zahmen‹ Menschen der Zivilisation. Der Natur näher als wir und unbewußt nach ihrem Gesetze lebend wie das Tier der Wildnis, bleiben jene Wilden von vielen Leiden und Unzukömmlichkeiten des unnatürlichen, gekünstelten Lebens, das wir und die Tiere, die wir halten, führen, verschont.

Menschen, die viel auf Reisen sind und immer neue Orte und Menschen sehen, zeichnen sich durch eine gewisse Lebensfrische aus, die jenen nicht eigen ist, die jahraus jahrein in der Schreibstube oder am Werktisch verbringen, Pendeln gleich, die in stetem Einerlei hin und her schwingen. Menschen dieser Art sehen mit vierzig Jahren älter aus als Menschen in abwechslungsreicher Tätigkeit mit sechzig. Ein Leben ohne Abwechslung, der tägliche Anblick der gleichen Dinge, der tägliche Aufenthalt im gleichen Wohn- oder Geschäftsraum, der tägliche Verkehr mit den gleichen Menschen am Morgen, Mittag und Abend und der Austausch der gleichen Gedanken – – all das macht altern! Es ist, als ob um solche Menschen ein Netz gewoben würde, dessen Fäden aus ihren ewig gleichen Gedanken bestünden. Und dieses Netz wird jedes Jahr nur immer dichter und dichter, fester und fester, so wie übereinander gelegte Eisendrähte zuletzt zum brückentragenden Seil werden können. Dieses so gebildete unsichtbare Seil bindet die Menschen schließlich mehr und mehr an den gleichen Ort, an die gleiche Beschäftigung und die ganze Garnitur ihrer bisherigen Gewohnheiten. Endlich ist ihnen schon der bloße Gedanke an einen Wechsel widerwärtig.

Es ist eine andere Form von Bann. Die Menschen haben sich selber in ihn hineingewoben. Er ist das unausbleibliche Ergebnis stetig gleicher Geistesverfassung oder eines Lebens ohne Abwechslung.

Wir leben nicht vom Brot allein. Wir leben nicht weniger von Ideen. Wer plant und unternimmt, gründet, Werke der Nächstenliebe tut, wer seine Kraft dem allgemeinen Besten widmet und so mit Menschen aller Art in immer neue Berührung kommt, tauscht im Empfangen und Geben reichere Geistigkeit als einer, der gleichsam immerfort in einer Nußschale lebt.

Es gibt eine Zeit, wo Zurückgezogenheit und Einsamkeit segnen. Und es gibt eine Zeit, wo der Verkehr mit der Welt erquickt. Die rechte Mitte muß jeder selber finden.

Zu den Kennzeichen des kleinen Bürgers im Geiste zählt die Eigenschaft, die Welt und ihre Herrlichkeiten als alte, abgestandene Dinge zu betrachten. Selbst arm an Geist und Leben, wähnt er, jeder andere Mensch leide den gleichen Mangel an Geist und Leben und entbehre wie er der Abwechslung. Denn das Leben ist immer das, wofür wir es ansehen und was wir aus ihm machen. Und ob unser Geist trübe, fleckige Brillen trägt oder klaren und freien Auges schaut, darauf kommt es an.

Unser physischer Körper ist eine Offenbarung unserer Geistigkeit, wie der Apfel eine Offenbarung des Baumes ist, auf dem er wuchs. Die Erneuerung unserer Physis geschieht nie besser als durch den Wechsel unserer geistig-seelischen Verfassung. Neue Ideen schaffen neue Ansichten vom Leben. Millionen und Abermillionen neuer und wahrheitgebender Ideen sind auf dem Wege zu uns und wir können sie aufnehmen, wenn wir den Geist in der rechten Bereitschaft halten, sie aufzunehmen. Dazu bedarf es weder schweren Studiums noch harter Plage oder verzehrenden Eifers. Im Reiche Gottes oder des Unendlichen Geistes des Guten gibt es kein schweres Studium. Sind wir erst einmal in rechter Einigkeit mit diesem Reiche, dann werden uns ewig neue Gedanken gegeben sein, so wie der Pflanze ewig Luft und Sonnenschein gegeben sind, wenn auch nur soviel, als dem Tag und der Stunde Genüge tun. Jeder Geist ist heute oder doch in einer gewissen Periode seines Lebens (vielleicht nicht in der gegenwärtigen Periode seines Erdenlebens) gleichsam ein Gefäß zur Aufnahme neuer Ideen. Neue Gedanken empfangen wir aber nicht aus Büchern oder durch den Geist anderer Menschen. Gedanken dieser Art können uns wohl vorübergehend von Nutzen sein, sie können uns kräftigen und auf den rechten Weg bringen, aber wer sich einzig auf Bücher oder Menschen verläßt, um aus ihnen neue Gedanken zu empfangen, lebt sozusagen ein geborgtes Leben, er lebt aus zweiter Hand. Wer so lebt, verschließt Geist und Seele dem Einstrom jenes Elementes, wonach Geist und Seele verlangen und das ihnen einzig zubestimmt ist. Du mußt deinen geistigen Unterhalt aus dem unerschöpflichen Reservoir der Wahrheit gewinnen. Solange du dies nicht tust, bist du noch nicht zu dem »Brunnen des Wassers geworden, das in das ewige Leben quillt«, hast du noch nicht jenen Initialpunkt des wirklichen und vollkommenen Lebens erreicht, das sich in der Welt überall daheim weiß und sich an jedem Ort der Erdkugel selbst heranschafft, was es braucht.

Nichts kettet mehr und schädigt Geist und Körper schlimmer als enge und stete Gemeinsamkeit mit Menschen, die uns an Geschmack, an Adel der Seele und Weite der Anschauung unterlegen sind. Wir müssen da wohl auf der Hut sein, sonst durchsetzen uns solche Menschen mit ihrer Inferiorität, sonst wird der Parasit stärker als der Baum. Wir geben Gold und erhalten im Austausch geringes Metall, wir geben Leben und erhalten dafür langsamen, lebendigen Tod. Denn eine freie Seele gibt Leben hin, insbesondere an ihresgleichen.

Was Menschen einander offen sagen, ist kaum so wirksam wie das, was sie voneinander denken. Ist ein Mensch in deiner Nähe, der unfreundlich von dir denkt oder deinen Zielen und Wünschen Widerstand entgegensetzt, so fühlst du Unbehagen. Ein solcher Mensch wird dich zuletzt seelisch und körperlich schädigen, er schleudert einen Bann gegen dich. Ein anderer Mensch wieder, der dir freundlich gesinnt ist und wohl will, ohne die Faust in der Tasche zu ballen, ein solcher Mensch bereitet dir Wohlgefühl und Behagen, auch wenn er stundenlang kein Wort spricht.

Diese verschiedenen Empfindungen zählen für mich zu den Beweisen, daß Gedanken allerwirklichste Elemente sind und uns irgendwie beeinflussen, mögen wir sie nun von anderen empfangen oder anderen zudenken.

Im letzteren Falle, wenn du derjenige bist, der bannt, kann dir der Bann Gewinn sein.

Bann, den wir fühlen, wenn untergeordnete Geister uns umgeben, Macht über uns haben oder unser Umgang sind (ein Bann, der sich, wenn er andauert, verhängnisvoll erweist und heute für Tausende Verhängnis ist!) – solch schlimmer Bann ist nur durch gänzliche Trennung der Geister aufzuheben. Solche Trennung darf aber nicht plötzlich geschehen, sonst kann ein Übel geschaffen werden, größer als dasjenige, das behoben werden soll. Auch das aufgepfropfte Reis darf nicht plötzlich gewaltsam vom Baume gerissen werden, sonst schadet dies dem Baume, ja, es kann ihn sogar zerstören. So muß die Trennung der Seelen, die Loslösung voneinander, wenn sie Pflicht der Entwicklung ist, gleichsam aus sich selbst geschehen, soll die plötzliche Erschütterung nicht beiden Teilen großen Schaden bringen.

Wer lange Zeit hindurch schädliche Nahrung zu sich nimmt, wird diese Nahrung doch irgendwie in Form und Leben umsetzen. Wir haben uns an schädliche Nahrung gewöhnt und sind nicht mehr imstande, ausschließlich gesunde Nahrung zu uns zu nehmen. Unsere Verdauungsorgane vermögen auch gar nicht mehr mit gesunder Nahrung allein fertig zu werden. Ähnlich ist's auch mit unserer seelischen Diät.

Wenn wir erkannt haben, daß uns ein Umgang schädlich ist, dann heißt's sich zunächst im Gedanken lossagen. Der Gedanke ist eine befreiende Kraft: er führt uns aus dem Zustande leidensvollen Unterworfenseins zur freien Höhe der Unabhängigkeit. Vollkommene Trennung und Loslösung von schädlichen Kräften ist jetzt nur noch eine Frage der Zeit. Wir müssen nur noch abwarten. Unser veränderter Zustand trägt uns einem anderen Geistesstrome zu, der uns in neue Länder entführt.

Es ist eben, wie schon gesagt wurde, weniger wichtig, was wir tun, als was wir denken. Kraft sammeln und abwarten! Die Gelegenheit ergreifen! Es hätte wenig Zweck für einen Menschen, der auf einem Baumklotz den Mississippi hinabtreibt, im Wasser herumzuplantschen und so seine Kraft abzunutzen, nur ›um etwas zu tun‹. Es wäre für ihn besser, er hielte sich ruhig und bedächte die Möglichkeit, von einem Boote oder Dampfer aufgenommen zu werden oder er harrte der Gelegenheit, vorspringendes Land, sich rettend, zu erreichen.

Vor allem verlange, wann immer dir Ruhe und Wissen fehlen, die Hilfe der Höchsten Weisheit und Göttlichen Kraft. Solchem Verlangen wird Erfüllung.

Ich maße mir nicht an, eine unveränderlich starre Regel aufzustellen, die das Leben jedes einzelnen beherrschen könnte. Jeder Mensch, der sich der Höchsten Weisheit in stillem, beharrlichem Verlangen nach ihr öffnet, wird selbst die Mittel und Wege finden können, die aus dem Übel hinausführen. Diese Mittel und Wege werden nur ihm eigentümlich sein und von anderen weder angewandt noch nachgeahmt werden können. Der Geist des Unendlich Guten offenbart sich nicht zwei Menschen in der gleichen Weise. Und einer der allgemeinen Irrtümer unserer Zeit ist der Irrtum der Nachahmung. Da ahmt einer die Lebensmethode des anderen nach, da glaubt einer blindgehorsam einem Buche oder einem Geiste, der ein Buch schrieb. Irrtum! Dein Geist, der nach Weisheit und Wahrheit verlangt, ist eine Kraft, die über jedes Buch hinausreicht, und ein Gefäß, in das hinein Ideen strömen werden, die von allen Ideen, die heute in Büchern gefunden werden können, unterschieden sind. Die Kraft, die neue Ideen zeugt und uns vermittelt, strömt ewig zur Erde her. Das Buch, einmal geschrieben, ist

Stillstand. Der Geist aber, der seine Ideen im Buche niederlegte, er schreitet vorwärts und vorwärts und gibt dem, was er vor Jahren schrieb, neue und kühnere Deutungen. Willst du das Neueste über die Entwicklung der Chemie oder einer anderen Wissenschaft vom Stoffe erfahren, so ziehst du nicht Bücher zu Rate, die vor einem Jahrhundert geschrieben wurden. Du liest das Neueste oder suchst die Wissenden selbst auf, damit sie dir etwas von den Erkenntnissen vermitteln, die noch nicht niedergeschrieben wurden.

Und so kann es in deinem eigenen Geistesreiche Ideen und Wahrheiten geben, die alles übertreffen, was bisher geschrieben wurde. Ideen und Wahrheiten, die du als pure Einbildungen verwirfst oder für die du, aus Furcht, dich lächerlich zu machen oder Widerstand zu finden, nicht einzutreten wagst.

Ein Buch wie die Episteln des Paulus kann deinem Geiste ganz neue Ideen einpflanzen. Und ein Mann wie Apollos kann diese Ideen gleichsam bewässern. Aber nur der erwachte Gott in dir kann ihnen Wachstum geben.

Völlige Abschließung von den Menschen, ein Leben in Einsamkeit ist die große, schreckliche Furcht jener, die viel in einer Gesellschaft verkehren, mit der sie geistig nicht zusammenstimmen, doch von der sie sich nicht zu trennen wagen, weil ihnen der Mut fehlt, es mit der Einsamkeit aufzunehmen. Dauernde Einsamkeit des Menschen ist wider die Natur. Die wahlverwandten Geister wurden geschaffen, damit sie einander Anregung und Freude seien. Wie oft ist es nichts als unsere Vernestlung mit einer Gesellschaft, die uns, alles in allem, nur ermüdet und zum Spiel einer aufgezwungenen Rolle nötigt, die als hemmende Schranke uns von unseren eigentlichen Gefährten trennt! Solange wir im Geiste eine uns untergeordnete Gesellschaft annehmen, halten wir die bessere von uns fern, ja, entfernen wir sie immer mehr von uns! Sobald wir beginnen, die untergeordnete Gesellschaft im Geiste abzulehnen, bewegen wir eine Kraft, die uns den besseren Gefährten zuführt.

Unsere Gedächtnisse

Der Mensch ist ein Doppelwesen. Er ist zeitlich und ewig. Seine Physis ist sein körperliches oder zeitliches Ich, sein Geist das spirituale oder ewige Ich. Der Mensch hat denn auch zwei Gedächtnisse: eines, das irdisch ist, vergängliche Zutat der zeitgebundenen Physis, und eines, das spiritual ist, Zutat des ewigen und unzerstörbaren Ich.

Das irdische Gedächtnis gehört zum physischen Körper wie jedes andere seiner Organe. Seine Bestimmung ist: zu bewahren, was immer am physischen Plan des Lebens sich begab. Es ist so beschaffen, daß es nur mit der stofflichen Welt zu tun haben kann – genau wie Auge oder Tastsinn nur in der stofflichen Welt gebraucht werden können.

Dein Geist dagegen hat in seiner spiritualen Welt Erfahrungen gemacht. Er begibt sich an andere Plätze, er begegnet Menschen, mit denen er Gedanken austauscht, er nimmt an Vergnügungen teil – kehrt er aber zu seinem Körper zurück, so hat dieser kein Organ, um das spirituale Bild oder den Eindruck solcher Erfahrung aufzunehmen und zu bewahren.

Das Organ des Gedächtnisses ist, wie jedes andere Organ unseres Körpers, dem Verfall (der Abnahme) unterworfen. Wir sehen dies manchmal an Menschen mit alten, physischen Körpern. Um es anders zu sagen: ein verbrauchter Körper hat ein verbrauchtes, physisches Gedächtnis-Organ. Das irdische Gedächtnis braucht aber so wenig abzunehmen, wie der irdische Körper zu verfallen braucht. Freilich, wer nur an den Stoff oder an die Gesetze des Stoffes glaubt, die auch seinen physischen Körper und dessen Organe, einschließlich des Gedächtnis-Organes, beherrschen, muß den Weg alles Irdischen gehen, das heißt: verfallen. Solchen Verfall und Verlust des Gedächtnisses haben außerordentliche Männer erfahren müssen. Männer, deren Geist zuzeiten hoch hinauf in übersinnliche Welten gedrungen war und die von dorther Lebensspeise für viele andere Geister herabgebracht und unser Zeitalter tief beeinflußt hatten, doch die noch allzusehr innerhalb der Sphäre des Stofflichen und jener Einflüsse gelebt hatten, welche den irdischen Körper und sein Gedächtnis unvermeidlich für den Tod bereiten.

Halte fest, daß Geist und Körper unterschiedene und abgesonderte Dinge oder Faktoren sind, unterschieden und abgesondert, wie etwa ein Zimmermann und seine Säge unterschieden und abgesondert sind. Dein Geist hat schon manchen Körper gebraucht und, aus Unwissenheit oder Mangel an Kraft, abgebraucht, genau wie der Zimmermann schon so manche Säge gebraucht und abgebraucht hat. Aber wisse, daß dein Geist mit seiner wachsenden Wissenskraft und Erkenntnis, deinen Körper, anstatt ihn zu erschöpfen, aus immer feinerem Stoffe erneuern wird.

Unser Gedächtnis ist einer photographischen Platte zu vergleichen, die durch einen Prozeß, den unsere künstliche Photographie nur gröblich und unvollkommen nachahmt, alle unseren Sinnen wahrnehmbaren Bilder und Begebnisse immerfort aufnimmt. Wir gewinnen so eine Vorstellung von der Kraft einer gewissen Hellsichtigkeit, die durch das Medium eines Gesteins oder eines Stückes Kohle geweckt werden kann, weil ja an diesen Dingen Bilder und Begebnisse hängen, die ihnen in urfernen Perioden der Erdgeschichte eingeprägt worden sind. Auf jeder stofflichen Substanz – sie sei Holz, Stein oder Metall – werden die Bilder aller stofflichen Dinge, die sie umgeben, immerfort photographiert. Das physische Organ des Gedächtnisses ist eine noch empfindlichere Platte, der als äußere Linse das physische Auge beigeordnet ist. Das physische Organ des Gedächtnisses nimmt auch nicht nur die Bilder unserer eigenen Gedanken, es nimmt auch die uns durch andere Menschen vermittelten Gedanken auf und bewahrt sie. Und wenn wir nicht zuviel auf einmal auf die Platte nehmen, wenn wir sie mit Bildern nicht überlasten oder den Prozeß durch eine hastvolle Verfassung nicht übereilen, das heißt, wenn wir nicht zuviel auf einmal sehen, an zuviel auf einmal uns zu erinnern versuchen, werden wir, was wir sehen oder was um uns herum vorgeht, in klareren Bildern bewahren.

Wir haben ein irdisches Gedächtnis zum Gebrauch am physischen Plan, und ein spirituales Gedächtnis zum Gebrauch auf der spiritualen Ebene des Lebens, genau wie alle unsere leiblichen Sinne – Gehör, Gesicht, Geruch, Geschmack und Gefühl – spirituale Gegensinne oder Wiederholungen im Spiritualen haben. Keiner dieser spiritualen Sinne wird am physischen Plan je ins Spiel gebracht oder, wenn je, so nur in außerordentlichen Fällen. Ist unser Leben auf diesem Planeten einmal vollkommener oder ausgereifter – wie es das einmal sein wird! – dann werden alle unsere Sinne ins Spiel kommen. Dann wird das wahre Leben beginnen. Denn, verglichen mit den Wunderkräften unserer spiritualen oder feineren Sinne, ist unser physisches Sein und alles, was ihm zugehört, lediglich rauhe Schale oder Hülle.

Unser körperliches Erdensein verhält sich zu unserem spiritualen Sein so wie die Raupe zum Schmetterling, wie die Eichel zum vollerwachsenen Eichbaum sich verhält. Ja, alle Versuche, die Möglichkeiten und Kräfte unseres künftigen wirklichen oder spiritualen Lebens durch Vergleiche anzudeuten, müssen unzureichend bleiben. Das ›irdische Gedächtnis‹, wie ich es genannt habe – man nehme das Wort nur als unvollständige Bezeichnung – ist eines, das von materiellen Sorgen und Erwägungen gänzlich erfüllt ist. Unser Streben, unser ausdauerndes Verlangen, unser beharrlicher Wunsch nach einem vollkommeneren Leben wird unser Gedächtnis allmählich vom Gröberen zum Zarteren, vom Irdischen zum Spiritualen verfeinern; mit anderen Worten: wir werden in unserem Gedächtnis nur jene Dinge bewahren, die uns dauernde Kraft und Freude geben können. Wenn wir dies vermögen, wird unser Gedächtnis nach und nach die Eindrücke unseres anderen, uns jetzt noch verborgenen Lebens aufnehmen und bewahren, jenes spiritualen Lebens, von dem wir im Wachzustande kaum mehr als einen schwachen, unklaren Schimmer ahnunghaft aufnehmen können, welcher Schimmer aber an Kraft gewinnt, um zuletzt klare und vollkommene Erinnerung zu werden.

Bedenke, daß dies die Möglichkeiten jedes menschlichen Geistes sind, Möglichkeiten, die in einer späteren Periode des Seins gewiß noch Wirklichkeit werden.

Wenn du deinen Geist von geringfügigen Dingen immer wieder beunruhigen läßt, wenn du den ganzen Tag die Vorstellung oder die Idee nicht los wirst, daß der Freund, den du erwartest, vielleicht nicht kommen, die Modistin beim Aufputz deines Hutes irgendeine Kleinigkeit vergessen, die Post den fälligen Brief wieder nicht bringen oder dein Schuldner nicht bezahlen werde; wenn du ein Bild im Gedächtnis trägst, das dich dir arm und verlassen und ohne Heller Geld zeigt, ohne Heller Geld, wie du im nächsten Monat dastehen wirst, dann überlastest du die photographische Platte deines Geistes gänzlich mit Bildern des Stofflichen, Vergänglichen. Und indem du so das Gedächtnis in die Materie niederziehst, machst du es materiell und unterwirfst es dem Verfall. Schlimmer noch als dies ist, daß du deinem Gedächtnis jenes bessere Denken fernehältst, das dir die Kraft geben würde, alles zu überwinden, was du jetzt fürchtest.

Wenn du dein Gedächtnis mit Namen und Daten, Berichten über Ereignisse und Einzelheiten davon überlädst, trägst du eine ganz nutzlose Last mit dir herum und minderst oder zerstörst damit deine Fähigkeit, neue Eindrücke und neue Ideen aufzunehmen. Der Photograph braucht eine vollkommen klare und blanke Platte, soll er ein Bild aufnehmen. Genau so muß die photographische Platte deines Geistes klar und blank und frei von alten Bildern sein, soll sie neue Ideen aufnehmen. Man kann so verstehen, warum Menschen, die wandelnde Lexika und voll eingepaukter Ideen und Meinungen sind, selten Menschen von frischer, ursprünglicher Kraft der Anschauung sind. Sie sind eher Sammler als Erzeuger und oft genug Sammler von geistigem Plunder. Ihnen gilt als Meinung und sogenannte Tatsache, was keine fünfzig Jahre später als Irrtum sich erweist, genau wie uns so manche Meinung, die vor fünfzig Jahren landläufig war, heute lächerlich erscheint.

Der Mann von Erfolg ist oft einer, der in früher Jugend nur wenig Erziehung genoß (Richard Wagner sagte einmal, er verdanke sein Genie dem Umstande, nicht erzogen worden zu sein). Das Gedächtnis eines solchen Mannes wurde mit Worten und Meinungen, die als wahr und echt hinzunehmen man ihn gelehrt hatte, nicht vollgestopft und überladen. Sein Geist war freier und klarer geblieben und konnte so frischere Eindrücke empfangen. Darum ging ihm der Plan auf, gelang ihm der Entwurf, fand er den Ausweg und die neue Straße zum Erfolg, die das mit Buchwissen angefüllte Gehirn nicht hatte finden können; aus diesem Grunde haben in vielen Unternehmungen ungebildete und ungelehrte Männer von wenig Wissen die Führung an sich gebracht, während der Mann von Bildung und Erziehung gegen schmale Bezahlung in öden Ämtern festsitzt. Wenn dein Kind das ganze Lexikon auswendig hersagen und Satz auf Satz und Kapitel auf Kapitel der Schulbücher aus dem Gedächtnis zu wiederholen weiß, so hat dies nur zu bedeuten, daß ein leibliches Organ oder eine leibliche Funktion des Kindes überanstrengt oder mißbraucht wurde. Die eigentliche Geisteskraft des Kindes wurde dabei verkümmert, seine photographische Platte verdunkelt und getrübt, mit alten Bildern überhäuft, und die Fähigkeit des Kindes, in dieser Welt gut vorwärtszukommen, verringert anstatt erhöht. Die Welt nennt ›Bildung‹ – was nennt sie nicht alles ›Bildung‹! – wenn einer ein Wort oder gar einen ganzen Satz in der richtigen Wortstellung aussprechen kann. Aber das ist nicht Bildung, ist nicht Geisteskraft. Und das Gedächtnis mit Formeln, Deklinationen, Konjugationen und allerlei Sprachgesetzen vollpfropfen, heißt soviel wie alle Mühe auf das Polieren einer Messerklinge verwenden, ohne auf das Schärfen der Schneide zu achten. Politur kann helfen, sie ist aber nicht die Kraft, dich in der Welt vorwärtszubringen! In unseren Schulen werden den Kindern sehr viele Dinge eingeprägt, von denen man kaum weiß, wozu sie eigentlich gelehrt und gelernt wurden. (Offenbar nur, damit man später aus Unwissenheit nicht lächerlich werde, wenn man von so gewaltigen Dingen wie es etwa der Peleponnesische Krieg gewesen ist, niemals etwas gehört hat!) Aber all die Masse dessen, was da in Schulen und Gymnasien dem Gedächtnis des Schülers eingebläut wird, ist, solcherart ›memoriert‹ oder ›gebüffelt‹, innerhalb Jahresfrist zu zwei Dritteilen glücklich wieder vergessen.

Wenn dir nötig erschiene, genau zu wissen, mit wie viel Nägeln dein Zimmerteppich befestigt und wie weit der eine Nagel vom andern entfernt ist; wenn dir wichtig wäre, die Zahl der Stecknadeln zu kennen, die sich in deinem Arbeitskörbchen befinden, dann würdest du dein Gedächtnis, deine photographische Platte mit einer Reihe unnützer Bilder bedecken. Wir belasten uns im Leben mit hunderterlei kleinen Sorgen, die nicht weniger unnütz sind. Sorgfalt und Sauberkeit sind gewiß schätzbare Eigenschaften, verwendet sie aber ein Mann nur auf seine Rockknöpfe oder geht einer Frau der Glanz ihres Zinngeschirres über alles, dann bleibt nicht mehr viel Kraft für Dinge übrig, die an Bedeutung und Ergebnis weit wichtiger sind. Dies ist auch ein Grund, warum dem Manne, der Nichtiges nicht wichtig nimmt, das Leben so oft gelingt, während der Kleinlichkeitskrämer nicht recht vorwärtskommt und in der Welt meist nur einen bescheidenen Posten innehat. Nelson lag wenig daran, ob das Messingzeug an Bord auf den hellsten Glanz poliert war oder ob man ihn, was manche Nebensächlichkeiten anbetraf, einen etwas schlampigen und wenig akkuraten Kommandanten nannte; ihm lag mehr daran, Geist und Gedächtnis für die wirksamste Methode frisch zu erhalten, seine Schiffe längsseits der Schiffe des Feindes hinzulegen und ihn dann zu bekämpfen.

Die Martinets, die sogenannten ›Kommißknöpfe‹ haben ihre Schlachten nicht aus Mangel an Tapferkeit verloren, sondern weil sich in ihren Gedächtnissen nichts weiter befand als Kommißknöpfe und Gewehrläufe, die ersteren blank geputzt, die letzteren nicht zu hoch und nicht zu tief paradehaft vorgelegt. Langer Drill hatte solche Generale endlich dazu gebracht, das Nichtige als Wichtigstes zu nehmen, wodurch sie zuletzt dasjenige, was mit Gewehrläufen zu erreichen war, gar nicht mehr erreichen konnten. Ich will Sorgfalt, Genauigkeit und Gewissenhaftigkeit nicht heruntersetzen: ich will hier nur andeuten, von welcher Bedeutung es ist, *womit* Menschen ihr Gedächtnis beschweren oder, wie ich schon sagte, *was* sie der photographischen Platte ihres Geistes einprägen. Denn es ist ein Organ wie jedes andere Organ, eine Funktion wie jede andere Funktion. Es kann überbürdet und, wenn auch in guter Absicht, mißbraucht werden. Die Frau, die ihrem Manne morgens, wenn er das Haus verläßt, um seinem Berufe nachzugehen, etliche Wege und Besorgungen auferlegt, die außerhalb seines Berufsfeldes liegen, bürdet dem vielleicht ohnehin schon überbürdeten Gedächtnis des armen Mannes noch weitere Lasten auf. Und die Frau sollte erwägen, daß die Bemühung, sich an Stecknadeln zu erinnern, an ein Seidenmuster oder an die Modistin, im Gedächtnis des Mannes nicht weniger Bildraum einnimmt als die Durchführung eines Geschäftes, das eine Million einbringt.

Du verlierst etwas vom Geist und von der eigentlichen Kraft eines Redners, wenn du dir Notizen machst. Es ist nicht nötig, die Worte, die er gebraucht, genau im Gedächtnis zu behalten. Wenn du dir Notizen machst, wird dein Geist vom Redner abgezogen. Du unterbrichst oder störst dann vorübergehend ein gewisses Wechselspiel deines Geistes mit dem Geiste des Redners, das gleichsam einen Kanal geistiger Mitteilung und gedanklichen Austausches schafft. Du verlierst außerdem die Kraft und Substanz dessen, was er sagt, während du aufschreibst, was er gesagt hat. Und hemmst überdies in einem gewissen Grade den Gedankenflug des Redners, er rede nun frei oder nach dem Manuskript. Denn jeder interessierte Hörer ist dem Redner eine Hilfe, weil er ihm einen Strom teilnehmender, achtungsvoller und zustimmender Gedanken vermittelt. Du wirst später alles wieder heraufrufen und auf deine eigene Art aussprechen können. Ein Berichterstatter, der sich keine Aufzeichnungen macht, wird den Inhalt einer Rede gelegentlich mit dem zehnten Teil der Worte wiedergeben können, die der Redner gebraucht hat. Ein solcher Berichterstatter verläßt sich nur auf das, was ich mangels anderer Worte das ›spirituale Gedächtnis‹ nennen möchte. Es ist das Gedächtnis, das die *Ideen* bewahrt und weniger die Worte. Denn Worte sind ja nur Träger und Vermittler – und oft genug sehr schlechte Träger und Vermittler! – der Ideen.

Dein spirituales Gedächtnis bewahrt die Ergebnisse oder die Wahrheit, die du in all deinen vergangenen Erdenleben oder Verkörperungen gesammelt hast. Je mehr Leben du durchleben durftest, je älter also dein Geist ist, um so größer ist dein Wissen, deine Weisheit. Mit anderen Worten: um so klarer ist dein Erkennen, dein Schauen, dein intuitives Erfassen der Lehren deines eigenen Geistes, der in gewissem Sinne der einzige Lehrmeister und die Quelle alles Wissens für dich im Weltall ist. Das spirituale Gedächtnis beeinflußt nach vielen Verkörperungen und mit seiner zunehmenden Kraft in gewisser Weise das physische Gedächtnis, das heißt, das Gedächtnis des Körpers, den du jetzt gebrauchst.

Du kommst in eine ferne, fremde Stadt, die du nie zuvor besucht hast. Und wirst dort von der starken Empfindung ergriffen: schon einmal in dieser Stadt gewesen zu sein. Du fühlst dich unter den neuen Menschen, Szenen und Gebräuchen wunderbar heimlich. Das ist Wirkung deines spiritualen Gedächtnisses. Du bist in einem verflossenen Erdenleben dort gewesen. Du warst einer dieser Menschen. Du lebtest unter ihnen und gehörtest einst zu ihnen.

Wenn dich eine bestimmte Epoche der Geschichte mächtig anzieht und lebhafter interessiert als jede andere; wenn du alles und jedes, was jene Epoche betrifft, mit hohem Genuß und immer wieder liest, wenn dir jeder Hinweis darauf, jedes Zettelchen Papier, das dir Unterricht darüber geben kann, willkommen ist und du alles Neue über jene Epoche voll Begier aufnimmst, dann geschieht das, weil dein spirituales Gedächtnis (unvollkommen und beschwert, wie es durch das Durcheinander und die falschen Meinungen und Begriffe sein mag, die deinem physischen Gedächtnis eingeschrieben wurden) als dein wirkliches Ich mit seinen heute noch okkulten Kräften von jenen geschichtlichen Bildern Besitz ergreift, die ihm durch mündliche Erzählung oder Buchdruck vermittelt werden, und nun mehr empfindet als erkennt, daß du früher einmal, in abgelebten Zeiten, an jenen Ereignissen teil hattest.

Aus solchem Grunde erklärt sich, warum die Geschichte einer Nation oder einer Epoche dieser Geschichte für dich von größerem Interesse ist als eine andere. Du lebtest in jener Epoche und handeltest in ihr. Es war eine Epoche, die auf dein wahres Leben außerordentlichen Eindruck machte und ihm Ereignis war. Kräfte, die sich in langen Zeitläuften in aller Stille und durch eine Aufeinanderfolge ruhiger und verhältnismäßig ereignisloser, physischer Leben in dir angesammelt hatten, brachen in jener Epoche mit gewisser Energie und Fruchtbarkeit hervor und dein spirituales oder wirkliches Ich beherrscht nun dein physisches Ich soweit, daß es ihm die Kraft geben kann, sein Leben und Streben, ja, vielleicht sogar seine dereinstige Individualität zu erkennen, seine Verkörperung in jener Epoche. Es hat dann die Schau erreicht, von der im Leben des Buddha die Rede ist. Das körperliche Leben, das du nun durchlebst, ist nur *eines* in der Reihe vieler körperlicher Leben. Dein wahres Ich ging in größeren oder geringeren Zeiträumen von einem Leben auf das andere über – genau wie dein physischer Körper ein Kleid nach dem andern anlegt, bis das letzte abgebraucht ist. Wie du an Kraft und Weisheit zunimmst, wird die Zeit zwischen jeder Wiederverkörperung immer kürzer, weil dein Geist, dein höchstes Ich, durch eine gewisse Erkenntnis, eine nur ihm vertraute Intuition, gezwungen wird, die irdische Ebene wieder aufzusuchen, um sobald als nur möglich die Kraft zu erlangen, die er nur auf dieser Ebene erlangen kann. Ist diese Kraft einmal zur Reife gelangt, zu der ihr zubestimmten Vollendung, so muß sie nicht mehr die langwierigen und im allgemeinen leidensvollen Bedingungen einer irdischen Wiedergeburt durchmachen, obgleich sie nach Belieben zur Erde zurückkehren kann. Mit anderen Worten: sie vermag sich dann einen physischen Körper zum Gebrauch für eine Stunde, für einen Tag oder ein Jahr oder für solange sie will, zu schaffen und diesen Körper, wenn sie ihn nicht mehr braucht, zu seinen ursprünglichen Elementen zurückkehren lassen.

Man kann sagen, daß du erst dann, wenn du durch diese Kraft dem physischen Körper oder dem Stoff befehlen und ihm, nach deinem Willen, jede Gestalt geben kannst, so daß also keinerlei Stoff Gewalt über dich hat, ja, man kann sagen, daß du erst dann wahrhaft zu leben beginnst. Christus war zu dieser Kraft emporgewachsen. Obgleich sein physischer Körper am Kreuze zerstört wurde, vermochte er einen anderen Körper zu verstofflichen, mit dem er den Jüngern auf dem Wege nach Emmaus erschien.

Das ›spirituale Gedächtnis‹ ist dasjenige Gedächtnis, das du, oder besser, dein Geist mit jeder neuen Wiederverkörperung ins Erdenleben mitbringt. Dein Geist bringt die Essenz oder das Wissen alles dessen mit, was er in seiner letzten Verkörperung wie in allen seinen früheren Verkörperungen gewonnen hat, nicht aber die Erinnerung an die Ereignisse, an die Einzelheiten dieser Ereignisse und die Erfahrungen, durch die er sein Wissen gewinnen konnte. Dein Geist bewahrte die Erinnerung an sein letztes körperliches Leben oder bis nahe zur Epoche deiner gegenwärtigen Reinkarnation. Allein, mit einem neuen Körper erlangtest du auch ein neues physisches Organ oder eine neue photographische Platte: das Gedächtnis, das nun Eindrücke empfängt und bewahrt. Diese Platte kann aber nur die Szenen und Ereignisse, sie kann nur die Umwelt deines nunmehr verlaufenden Erdenlebens aufnehmen.

Die Erinnerung an jedes deiner Erdenleben ist nur für einige Zeit verdunkelt – ausgelöscht ist es nicht. Und wie dein wirkliches, dein spirituales Ich an Kraft gewinnt, wie deine mächtigeren, spiritualen Sinne sich entwickeln, von denen deine leiblichen Sinne nur grobe und minderwertige Abbilder sind, so wird dein spirituales Gedächtnis an Kraft gewinnen und dir zur erfüllten Zeit Erinnerungsbilder an deine vergangenen Erdenleben vermitteln.

Was dir dein spirituales Gedächtnis heute heraufbringt, ist ungewiß und voller Mängel, verglichen mit dem, was es dir, einmal zur Reife gediehen, heraufbringen wird. Dennoch: manch eine Ansicht, manch eine Idee, die dir heute absonderlich und visionär erscheinen mag, ist dir aus der Kraft und dem Wissen deines spiritualen Gedächtnisses zugeflossen! Aber du wirst beizeiten erkennen, daß wenig daranliegt und daß es dein Glück nicht mehrt, Vergangenes heraufzurufen, insbesondere, wenn es dunkle Erfahrungen sind. Du würdest es unterlassen, auch wenn du es könntest. Dein Leben wird ein ewiges Nun des Glückes werden, eines immer reicheren Glückes, wenn deine Kräfte wachsen, wenn du die große Kunst erlernst, wie zu leben sei, wenn du mehr und mehr die unendliche Vielfalt der Freuden des Lebens erkennst und erlebst und sie nicht nur schaust, wenn du Freude, Schönheit, Erhabenheit und Größe an jeder Form der Natur erfühlst.

Jedes körperliche Ding, jedes Haus, jeder Baum, jeder Fels, Menschenansammlungen in Hallen oder Kirchen, in Gesellschaftsräumen oder Gaststätten, der Aufmarsch von Armeen oder ihr Kampf gegeneinander –: jedes Ereignis, es sei wichtig oder nichtig, hat sein Gegenbild oder, wie man auch sagen könnte, seine Spiegelung in jener Welt, die dem leiblichen Auge unsichtbar ist. Jedes Ereignis deines vergangenen Lebens ist heute ein tätiger Teil von dir in der anderen Welt. Dein Geist begreift die Kraft in sich, eine Reihe von Bildern deiner Erdenleben heraufzurufen, weil ein Ereignis mit dem andern verknüpft ist und deine Biographie in urferne Vergangenheit zurückreicht.

Lord Byron sprach einmal in einer seiner schönsten Strophen von den Möglichkeiten der Seele. Der Blick der Seele, heißt es da, rolle zum Chaos zurück, auf unbevölkerte Erde, in die Zeit, da das Firmament geboren wurde. Sie folge seinem Aufstiege. Ihr Blick durchdringe die fernste Zukunft und werde immer mächtiger und umfassender. Sonnen verlöschten, Systeme brächen zusammen, die Seele aber verharre in ihrer eigenen Ewigkeit.

Wie das leibliche Auge, so ist, unter den spiritualen Gegebenheiten von heute, auch das leibliche Organ des Gedächtnisses hinfällig. Aber jedes Bild, das es aufnimmt, wird dem ewigen, unzerstörbaren Organ des Spiritualen vermittelt. Das physische Gedächtnis ist gleichsam nur der Vormerkblock oder das zeitliche Buch, darin die einzelnen Posten verzeichnet werden. Dieses Buch wird vielleicht fortgeworfen, doch nicht eher, als bis die Posten ins Hauptbuch übertragen sind. Dieses Hauptbuch des spiritualen Ich ist das Buch und das einzige Buch, von dem im Neuen Testament gesagt wird, daß es aufgeschlagen würde, wenn du allen Taten deines Lebens von Angesicht zu Angesicht gegenüber stehst und vom Gott in dir gerichtet wirst.

Was in ungezählten Zeitaltern, in vielen Erdenleben deinem physischen Gedächtnis an Ereignissen und Begebnissen eingeschrieben und so dem spiritualen Gedächtnis vermittelt wurde, begabt das spirituale Gedächtnis mit Erfahrung. Aus Erfahrung wird Weisheit geboren. Ein alter Geist, ein Geist von vielen Erfahrungen und Leben, fühlt, durch innerliche Belehrung oder Intuition, rascher, was wahr und was falsch ist, als weniger reife und jüngere Geister. Du fühlst eine gewisse Sicherheit des Urteils und behauptest als wahr oder doch als nicht ganz unwahr, was den Leuten deiner Umgebung phantastisch oder lächerlich erscheint. Das kommt von der Tätigkeit dessen, was ich in Ermanglung besserer Worte das ›spirituale Gedächtnis‹ nennen mußte. Du kannst niemandem einen klaren Begriff davon geben, eine Begründung, die die Vernunft völlig befriedigt. Hat die Zeit aber nicht oft genug bewiesen, daß dein Gefühl richtig war, obgleich du durch den Einfluß materieller Geister an der Wahrheit dieses Gefühls gezweifelt hast?

Du bist wahrlich kein Individuum, Mann oder Frau, im gewöhnlichen Verstande des Wortes. Du bist ein unaufhörlicher Strom von Geschehnis, von gewonnener Erfahrung; ein Film von Bildern alles dessen, was du getan hast oder gewesen bist, und von allem dem, was drum und dran ist; und diese Bilder gehen bis ins Undeutliche, Dämmerhafte zurück, in erhabene, abgerollte Ewigkeit, die kein Auge durchdrungen hat oder je durchdringen kann. Und dieser Strom, der als Atom begann, als Nebelfleck vielleicht, dieser Strom häufte Erfahrung auf Erfahrung, wurde an Wissen und Geist immer breiter und tiefer; wurde Energie, die im Weltraum wob und wirkte, mit jeder neuen Erfahrung neue Kraft und Erkenntnis gewann und endlich erreichte, was du gegenwärtig bist.

Und so mußt du weiter wachsen und werden, ein Wunder dir selbst, wenn du zu begreifen beginnst, was du, wahrhaftig ›furchtbar und wundervoll geschaffen‹, eigentlich bist. Und je mehr du wächst, um so mehr werden dir die Augen aufgetan, um so klarer wird dir die Vergangenheit. – Es ist eine Vergangenheit, die in Epochen reicht, die hinter allem Irdischen liegen, wie wir es heute kennen; eine Vergangenheit, von Geheimnissen durchwoben, voll der klarsten Schau höherer Geisteswelt. Denn wie das raumlose Weltall keinen Anfang gehabt haben kann, so kannst auch du, im vollsten Sinne des Wortes, keinen Anfang gehabt haben.

Die Kunst des Vergessens

In der Chemie der Zukunft wird der Gedanke so gut als Stoff gelten wie heute Säuren, Oxyde und anderes als chemische Stoffe gelten. Denn es besteht kein ›leerer Raum‹ zwischen dem, was wir Materie, und dem, was wir Geist nennen. Beide sind Stoffe oder Elemente, die sich unmerklich miteinander vermengen. In Wahrheit ist daher auch die Materie nur eine sichtbare Form der feineren Elemente, die wir Geist nennen.

Unser unsichtbares und unausgesprochenes Denken entfließt uns unaufhörlich, ein Element und eine Kraft, wirklich wie der Wasserstrom, den wir sehen können, oder der elektrische Strom, den wir nicht sehen können. Unser Denken vermengt sich mit dem anderer, und aus dieser Kombination werden die neuen Eigenschaften des Denkens gebildet, so wie etwa durch eine chemische Mischung neue Stoffe gebildet werden.

Wenn du aus dir die geistigen Elemente der Qual, des Ärgers, Kummers oder Hasses aussendest, setzest du Kräfte in Tätigkeit, die deinem Geiste und Körper verderblich sind. Die Kraft des Vergessens involviert die Kraft, jedes unangenehme und schädigende Element des Denkens zu verbannen und ein nutzbares Element dafür heranzuziehen, kurz, aufzubauen statt niederzureißen.

Unser Denken beeinflußt unser Unternehmen günstig oder ungünstig. Es nimmt andere für oder gegen uns ein. Es ist ein Element, das von anderen angenehm oder unangenehm empfunden wird, das sie mit Vertrauen oder Mißtrauen gegen uns erfüllt.

Der vorherrschende Zustand unseres Geisteslebens oder der Charakter unseres Denkens formt unseren Körper und unsere Züge. Er macht uns anderen gegenüber häßlich oder schön, anziehend oder abstoßend. Unsere Gedanken bestimmen unsere Gesten, unsere Manieren, unseren Gang. Die geringste Bewegung eines Muskels hat eine Gemütsstimmung, einen Gedanken zur Ursache. Ein entschlossener Geist erzeugt festen, straffen Gang. Ein Mann, dessen Geist schwach und schwankend, ungewiß und hilflos ist, wird eine schwerfällige, schlenkernde und ungewisse Haltung zeigen. Der Geist der Entschlossenheit spannt Nerv und Sehne. Genauer gesagt: das geistige Element der Entschlossenheit ergreift jeden Muskel.

Betrachte unzufriedene, düstere, melancholische und übellaunige Menschen und du siehst, wie die stillwirkende Kraft ihrer widrigen Gedanken die Gesichtszüge dieser Menschen schnitt, aushieb und formte. Solche Menschen sind nie bei guter Gesundheit, denn jene Kraft wirkt auf sie wie ein Gift und ruft irgendeine Krankheit hervor. Ausdauerndes, einem ganz bestimmten Ziele zustrebendes Denken dagegen, zumal wenn dieses Ziel anderen und uns zugutekommt, wird jeden Nerv mit Kraft erfüllen. Es ist eine weise Selbstsucht, die zugleich auf das Wohl anderer und auf unser eigenes abzielt. Im Geiste und in der Arbeit sind wir alle vereinigt. Denn wir sind Kräfte, die, sei es zum Guten oder Bösen, wechselseitig aufeinander einwirken, und zwar durch den aus Unwissenheit sogenannten ›leeren Raum‹. Unsichtbare Nervenströme fließen von Mensch zu Mensch, von Wesen zu Wesen. Jede Form des Seins ist so mit jeder anderen verbunden. Und ein schlechter Gedanke oder eine schlechte Tat ist ein schmerzhafter Schlag, der Myriaden von Organisationen durchbebt. Ebenso erzeugt gutes Denken und gute Tat das gleiche Maß an Freude. Es ist also ein Gesetz der Natur und der Wissenschaft, daß wir anderen nichts wahrhaft Gutes zu tun vermögen ohne uns selbst damit Gutes zu tun.

Harm um einen Verlust, er betreffe Freund oder Besitz, schwächt Geist und Körper. Und ist dem verlorenen Freunde keine Hilfe. Eher eine Schädigung. Denn unsere traurigen Gedanken müssen ihn erreichen und eine Quelle des Schmerzes für ihn sein, auch wenn er im ›Jenseits‹ wäre.

Eine Stunde Unmut, Zorn oder Angst, ausgesprochen oder verborgen, nimmt uns sehr viel Kraft und macht uns überdies anderen unerträglich, ja, schafft uns Feinde. Mittelbar oder unmittelbar schädigt sie uns auch im Berufe. Saure Blicke und Worte vertreiben gute Kunden. Murren und Hassen bedeuten Prügelung des eigenen Geistes. Kraft, solcherart ausgegeben, könnte zu unserer Freude, zu unserem Nutzen verwendet werden sowie etwa ein Spazierstock Prügel oder Annehmlichkeit sein kann.

Die Fähigkeit, schädigende Gedanken zu bannen oder zu vergessen, ist sonach ein wichtiges Mittel, um Körperkraft und Geistesklarheit zu gewinnen. Körperkraft und Geistesklarheit verbürgen Erfolg in allen Unternehmungen.

Sie rufen auch Geisteskraft hervor. Und die Kräfte unseres Geistes wirken zu unserem Vor- oder Nachteil auf die Körper derjenigen ein, die tausend Meilen von uns entfernt sind. Der Grund hierfür besteht darin, daß es eben eine uns allen zugehörige, vom Körper abgesonderte und selbständige Kraft gibt. Diese Kraft ist immer am Werke, wir mögen schlafen oder wachen. Unerkannt, unbewußt und also unweise gebraucht, taucht sie uns in den Schlamm des Elends und Irrtums. Einsichtsvoll und weise benützt, bringt sie uns jedes erdenkliche Gute.

Diese Kraft ist unser Denken, sind unsere Gedanken. Jeder unserer Gedanken ist für unsere Gesundheit und unseren wirklichen Erfolg von vitaler Wichtigkeit. Denn nicht alles, was der Welt als Erfolg erscheint, ist wirklicher Erfolg. Erfolg auf Kosten der Gesundheit, zum Beispiel, ist kein wirklicher Erfolg.

Jeder Geist bildet, meist unbewußt, seinen besonderen Charakter, seine Art, zu denken, selbst heran. Und es ist klar, daß langgeübte Art nicht sogleich verändert werden kann. Wir haben beispielsweise unseren Geist unbewußt daran gewöhnt, schlimmen oder verdrossenen Gedanken nachzuhängen. Wir haben nie erkannt, daß Brüten über eine Enttäuschung, Leben in Kummer, Furcht vor Verlust, Qual der Angst, dies oder jenes werde sich nicht erfüllen, wie wir es wünschen, eine zerstörende Gewalt schufen, die unsere Kraft versiechen machte, Krankheit hervorrief, uns unserem Berufe nahm und den Verlust von Geld oder gar von Freunden verursachte.

Vergessenlernen ist daher ebenso notwendig und nützlich als Gedächtnisübung. Wir denken täglich an viele Dinge, an die ganz und gar nicht zu denken uns weit besser täte.

Die Kunst des Vergessens besteht darin, die unsichtbare Kraft, die uns schädigen kann, hinwegzubannen und eine Kraft dafür heranzuziehen, die uns nützlich ist.

Begehre eindringlich und ausdauernd die Eigenschaft des Charakters, die dir mangelt, und du wirst eine Stärkung dieser Eigenschaft herbeiführen. Begehre mehr Geduld oder Festigkeit, Urteilskraft oder Mut, frohe Hoffnung oder Pünktlichkeit – und du wirst diese Eigenschaften in dir wachsen fühlen. Diese Eigenschaften sind wirkliche Elemente. Sie gehören der höheren, bisher noch unerforscht gebliebenen Chemie der geistigen Welt an.

Der entmutigende, hoffnungslose, jammernde Mann hat unbewußt Entmutigung und Hoffnungslosigkeit begehrt. Und so hat er sie denn empfangen. Dies ist sein unbewußt geistiges Training für das Üble. Der Geist ist sozusagen magnetisch, er zieht immer das Denken an, das er an sich ziehen will oder dem er sich öffnen will. Gib dich der Furcht hin – und du wirst dich immer mehr fürchten. Höre auf, ihr zu widerstehen, bemühe dich nicht, sie zu bemeistern – und du öffnest ihr Tür und Tor, du lädst sie ein, verlangst nach ihr. Raffe dich aber auf, erschaue dich selbst im Geiste oder in der Vorstellung als mutig – und du wirst starken Herzens werden! Du verlangst dann nach Mut!

Es gibt in der unsichtbaren Natur kein Höchstmaß für den Zustrom dieser geistigen Eigenschaften. Mit dem Worte Christi: »Bittet, so wird euch gegeben werden!« ward uns gesagt, daß wir durch unser Verlangen jeder Eigenschaft, deren wir bedürfen, teilhaftig werden können. Und wenn unser Verlangen weise ist, werden wir des Besten teilhaftig werden können.

Jede Sekunde eines weisen Verlangens erhöht unsere Kraft. Und wir müssen diese Erhöhung unserer Kraft niemals wieder verlieren.

Ein Mensch kann völlig ungelehrt sein und dennoch eine Geisteskraft aussenden, die andere, nah und fern, glückspendend berührt und beeinflußt, während ein Gelehrter sein Gehirn um ein Geringes mühselig abplagt. Die geistige Kraft des ungelehrten Mannes kann also weit fruchtbarer sein als die des Gelehrten. Der Intellekt soll eben mehr sein als ein Sack, darin man Tatsachen aufbewahrt. Der Intellekt soll dazu dienen, Ersprießliches zu wirken. Bücherschreiben ist nur ein Fragment der Arbeit des Intellektes.

Die größten Männer haben zuerst gedacht und dann gehandelt, wie Columbus, Napoleon, Fulton, Morse, Edison und andere beweisen, die die Welt vorwärts brachten und ihr außerdem sagten, wie sie vorwärts gebracht werden kann.

Dein Plan, Ziel oder Vorsatz – sie mögen sich nun auf Geschäft, Erfindung oder Kunstwerk beziehen – sind wirklicher Aufbau unsichtbaren Gedanken-Elementes. Solcher Gedankenaufbau ist auch ein Magnet. Er beginnt damit, so schnell als möglich helfende Kräfte heranzuziehen. Beharre auf deinem Plan oder Zweck – und diese Kräfte kommen immer näher, werden immer stärker und bringen so immer bessere Ergebnisse hervor.

Laß deinen Vorsatz fallen – und du bringst den Zustrom dieser Kräfte zum Stocken und zerstörst überdies auch den unsichtbaren, magnetischen Bau, den du bereits aufgeführt hattest.

Der Erfolg in jedem Berufe hängt von der Erkenntnis und Befolgung dieses Gesetzes ab. Ausdauerndes Beharren bei einem Ziele ist eine wirkliche, magnetische Kraft, die stetig mehr und immer mehr Hilfen schafft, um jenes Ziel endlich erreichen zu können.

Ist dein Körper in dem Zustande, den wir Schlaf nennen, so sind diese Kräfte dennoch tätig. Sie wirken dann auf andere Geister ein. Ist dein letzter Gedanke vor dem Einschlafen ein Gedanke der Qual oder Angst gewesen, ein Gedanke des Hasses gegen irgend wen, so wird er schlimme Folgen für dich haben. Dachtest du hoffnungsvoll, heiter, vertrauend, bejahtest du friedvoll alle Menschen, so empfingst du stärkste Kraft und wirst daraus gute Frucht ernten. Ging die Sonne über deinem Grimm unter, so wird dein wütiges Denken auf andere einwirken, während du schläfst – aber nur dir die Schädigung bringen.

Die Kunst des Vergessens zu üben ist darum sehr nötig. Wir müssen den Strom, der uns im Schlafe Böses zuführt, verwandeln in einen Strom, der uns nur Gutes zuträgt.

Heute denken Tausende und Abertausende Menschen niemals daran, den Charakter ihrer Gedanken zu kontrollieren. Sie lassen ihre Gedanken treiben. Sie sagen niemals zu einem Gedanken, der sie beunruhigt: »Ich will dich nicht denken!« – Unbewußt verlangen sie vielmehr nach dem, was ihnen schlecht bekommt und ihre Körper werden von der Art des Denkens, an das sie sich festsaugen, krank gemacht.

Wenn du die Schädigung, die dir ein beunruhigtes Denken zufügt, klar erkennst, wird dir die Kraft zuzuströmen beginnen, mit ihr fertig zu werden. »Widerstehet dem Teufel und er wird von euch fliehen!« sagt die Schrift. Es gibt aber keine Teufel außer den schlecht gebrauchten Kräften des Geistes. Aber diese sind überaus mächtig darin, uns zu betrüben und zu quälen. Ein mürrischer oder melancholischer Gemütszustand ist ein Teufel. Er kann uns krank machen, kann uns Freunde und Geld verlieren machen. (Geld bedeutet den Genuß von Notwendigkeiten und Annehmlichkeiten. Ohne Geld können wir nicht unser Bestes tun oder unser Bestes sein. Die Sünde, die in der ›Liebe zum Gelde‹ eingeschlossen ist, besteht darin, das Geld als solches mehr zu lieben als die notwendigen Dinge, die allein durch Geld erlangt werden können.)

Um in einem Unternehmen den größten Erfolg zu erzielen, in einer Kunst am weitesten zu kommen oder irgendeine Angelegenheit zu fördern, dazu ist nötig, daß wir zu bestimmten Tageszeiten alles vergessen, was jenes Unternehmen, jene Kunst oder Angelegenheit betrifft. Indem wir dies tun, beruhigen wir unseren Geist und sammeln frische Kraft zu erneuter Leistung.

Wessen Denken sich immer um die gleiche Sache dreht, wer immer nachsinnt oder grübelt, was er tun oder lassen solle, vergeudet diese Kraft gleichsam in der Tretmühle des Gehirns. Wir sagen uns im Gedanken immer wieder das gleiche. Wir bauen also stetig das gleiche Gedankengebäude auf, eines die nutzlose Wiederholung des andern.

Wenn wir immer geneigt sind, über eine bestimmte Angelegenheit nachzusinnen oder uns über sie auszusprechen, wenn wir sie nicht vergessen und uns ihrer zu allen Zeiten und an allen Orten erinnern wollen, wenn wir in Wort und Gedanken nicht in den Ton verfallen wollen, der die Gesellschaft um uns herum beherrscht; wenn wir erst gar nicht versuchen, ein Interesse daran zu gewinnen, was von anderen gesprochen wird; wenn wir entschlossen sind, nur über das zu sprechen, was uns angeht oder überhaupt zu verstummen: dann sind wir in Gefahr, Manomanen zu werden, Menschen mit fixen Ideen.

Solch ein Kranker schafft sich seinen Ruf selber. Er ist von einer Idee besessen und, vielleicht ganz unbewußt, entschlossen, diese Idee jedermann aufzuzwingen. Er ist außerstande, seine Lieblingsidee oder sein Steckenpferd auch nur zeitweilig zu vergessen und auf die Gedanken anderer einzugehen. Aus diesem Grunde verliert er die Kraft des Vergessens, die Kraft, jenen ihn ganz erfüllenden Gegenstand ganz aus seinem Gehirn hinauszuwerfen. Er treibt dann immer tiefer in jene Idee hinein und umgibt sich mit ihrer besonderen Atmosphäre.

Menschen, die um solch einen Kranken sind, spüren den Einfluß dieser besonderen Idee und empfinden sie unangenehm, denn das Denken eines Menschen wird von jenen, die um ihn sind, durch einen noch nicht benannten Sinn empfunden. In der Schärfung dieses Sinnes liegt das Geheimnis deines günstigen oder ungünstigen ›ersten‹ Eindruckes auf Menschen. Du lebst in dem Geiste, der dir entfließt, du sendest ein Element aus, das andere für oder gegen dich einnimmt, gemäß ihrer Fähigkeit oder Feinsinnigkeit, dieses Element aufzunehmen. Du wirst von der Geistigkeit anderer, seien diese fern oder nahe, ebenso beeinflußt. Wir sprechen auch dann zu anderen, wenn unsere Zungen stille sind. Wir erwecken auch Neigung und Abneigung, Liebe oder Haß, wenn wir in der Zurückgezogenheit unseres Zimmers leben.

Ein Mensch, von einer Idee besessen, wird oft zum Märtyrer oder hält sich dafür. Es bestand und besteht aber niemals die Notwendigkeit für ein Märtyrertum. Märtyrer ist nur der Unwissende. Märtyrertum schließt immer einen Mangel an Urteil und Takt in der Vorführung eines der Welt neuen Prinzipes ein. Mache dir klar, was Märtyrertum heißt und du wirst finden, daß der Märtyrer versuchte, dem Volke eine Idee in einer angriffsweisen und feindseligen Form aufzuzwingen. Menschen von großer Fähigkeit sind, indem sie sich ganz und gar einer Idee hingegeben haben, zuletzt von ihr besessen worden. Die Gegnerschaft, die sie von anderen erfuhren, war eben zuerst in ihnen. »Ich bin nicht gekommen, den Frieden zu bringen«, sagte Christus, »sondern das Schwert.«

Aber nun ist für die Welt die Zeit gekommen, das Schwert in die Scheide zu stecken. Viele Menschen gebrauchen unbewußt Schwerter, wenn sie anderen raten, was ihnen als

Besseres erscheint. Da ist das Schwert des scheltenden Reformers, das Schwert des Widerwillens gegen andere, weil sie das nicht beachten wollen, was du sagst. Da ist das Schwert des Vorurteils, weil andere deine besonderen Gewohnheiten nicht annehmen wollen. Jeder Gedanke, der sich gegen andere richtet, ist ein Schwert und fordert das Schwert von der anderen Seite. Der Gedanke, der von dir kommt, ist der, den du dafür zurück erhältst und er wird die gleiche Eigenschaft haben. Das kommende Reich des Friedens wird aufgebaut sein durch die Versöhnung der Gegensätze, durch die Verwandlung der Feinde in Freunde, denn den Menschen wird gesagt werden, daß in ihnen viel mehr Gutes als Böses ist. Verleumdung und üble Nachrede werden in jener Zukunft nicht mehr sein. Die Menschen werden einander angenehmer und nützlicher sein, denn sie werden die Gesetze kennen, die Gesundheit, Freude und Seligkeit schaffen. Die Gesetze, die wir noch nicht kennen. Der Anwalt jener Zeit (ach, sie könnte ja morgen anbrechen!) wird dem Kranken mit dem Lächeln der Freundschaft begegnen, auch wenn er weiß, daß die kränksten Leute immer die ärgsten Sünder sind. Denn gerade der abstoßendste Mensch, das Geschöpf voll Trug, Verrat und Tücke, bedarf unseres Mitleids am allermeisten! Wie schädigt sich der Arme, wie viel Schmerz und Krankheit schafft er sich durch seine Gedanken!

Du denkst von einem Menschen nicht gut, der dich geringschätzte, beleidigte, verletzte oder ungerecht gegen dich war. Du mußt Stunde für Stunde, Tag für Tag an ihn denken. Und du wirst dessen endlich überdrüssig und kannst es dennoch nicht loswerden. Es beunruhigt und quält dich, es reibt dich auf, macht dich krank. Und du kannst nichts dagegen tun und mußt immer wieder in diesem lästigen und ermüdenden Gedankennetz herumlaufen. Es verbraucht deinen Geist. Und was den Geist verbraucht, verbraucht den Körper.

Du mußt leiden, weil du das gegnerische und feindselige Denken des andern zu dem deinen gemacht hast. Er denkt von dir, wie du von ihm. Er sendet dir eine Welle feindseligen Denkens zu. Ihr gebt und erhaltet so beide die Schläge der unsichtbaren Kräfte. Du kannst diesen schweigenden Kampf wochenlang fortsetzen und wenn du es tust, sind eben beide geschädigt. Dieser Widerstreit entgegengesetzter Willensmächte und Gewalten tobt um uns alle. Die Luft ist voll von ihm.

Die Kunst, Feinde zu vergessen oder ihnen nur ein freundliches Denken zuzuleiten, ist deshalb ein Akt des Selbstschutzes. So streckt der Mensch die Arme vor, um einen körperlichen Schlag abzuwehren. Ausdauernd freundliches Denken verdrängt endlich das Übelwollen und nimmt den Schmerz. Das Gebot Christi, Feinden Gutes zu tun, ist auf ein natürliches Gesetz begründet. Es besagt, daß dem Gutdenken oder dem Wohlwollen jene höhere Kraft innewohnt, die den Schaden, den Mißgunst oder Haß uns zuzufügen trachten, abwehren und verhindern können.

Verlange nach Vergessenheit, wenn du an einen Menschen oder an ein Geschehnis nur mit dem Schmerze denken kannst, den Kummer, Zorn oder ein anderer schmerzlicher Grund hervorrufen. Das Verlangen ist ein Zustand des Geistes, der Kräfte in Bewegung setzt, die das herbeischaffen, dessen du bedarfst. Das Verlangen ist eine wissenschaftliche Grundlage des Gebetes. Bettle nicht. Verlange ausdauernd deinen Anteil an Kraft aus den Elementen, die um dich herum sind, damit dein Gemüt sich beruhige.

Was dir so werden kann, kennt kein Letztes, Höchstes.

Daß es bisher keinem Menschen gelungen ist, die volle Höhe dieser Kraft zu erreichen, ist kein Beweis dafür, daß sie nicht doch erreicht werden kann. Die Welt sieht täglich herrlichere und wundersamere Dinge. Wer noch vor wenigen Jahrzehnten prophezeit hätte, man werde einst die menschliche Stimme von New York nach Philadelphia hören, würde als Wahnsinniger erledigt worden sein. Und doch benützen wir heute das Wunder des Telephons alltäglich.

Einige Gedanken über den Gebrauch eines Zimmers

Jeder Mensch sollte ein Zimmer für sich allein haben und sollte sehr darauf achten, wem er, sei's zu geselligem oder beruflichem Zwecke, Zutritt in dieses Zimmer gewährt.

Es sollte ein Zimmer sein, in das möglichst viel Sonne strömen kann. Es sollte nicht auf der Nord- oder Schattenseite des Hauses liegen, denn Kaltes und Schattiges im Stofflichen ist immer irgendwie Abbild des Kalten und Verdeckten im Spiritualen. Das Bewohnen eines sonnenlosen Zimmers ist der Gesundheit nicht zuträglich. Ja, in einem Zimmer, das keine Sonne hat, kann weder stofflich noch geistig ›aufgeräumt‹ werden.

Du brauchst einen Platz im Universum, ein buen retiro, wohin du dich, wenn du dich dazu gestimmt fühlst, zurückziehen und alles und alle ausschließen kannst, solange es dir Bedürfnis ist. Du brauchst einen Platz, der ganz nur dir gehört, der gegen jede Invasion geschützt ist und den niemand ohne deine Erlaubnis betreten darf.

Du brauchst einen solchen Platz, um dort auszuruhen und deine Kräfte zu sammeln. Denn wer unter Menschen lebt, muß mehr oder weniger von ihrer Geistigkeit in sich aufnehmen. Muß. Und denkt und sieht dann oft wie der untergeordnete Geist sieht, erfährt jedenfalls Störung und Trübung seines eigenen geistigen Sehvermögens. Die störende Geistigkeit anderer können wir aber nur durch zeitweilige Einsamkeit ausstoßen, überwinden. In der Einsamkeit werden wir wieder wir selbst. Wir richten uns wieder auf, finden unser eigentlichstes Wesen wieder, unsere Götter.

Ja, wenn wir ein Zimmer unser eigen nennen, ein Zimmer, das nur uns geweiht ist, öffnen und gewähren wir weiseren und höheren Intelligenzen reiche Gelegenheit, zu uns zu kommen und die Schätze ihres Geistes auf uns auszugießen. Diese Intelligenzen beschenken uns mit Ideen, die uns auch im praktischen Leben sehr nützlich sein können.

Mit solchem Gebrauch eines Zimmers meine ich aber nicht, wir sollten uns wie Eremiten darin vergraben. Nein! Wohl aber will ich damit sagen, daß wir nötig haben, uns zeitweilig von anderen zurückzuziehen, um wieder zu unserem eigentlichsten Wesen zu gelangen.

Zurückgezogenheit hat ihre Stunde und Geselligkeit die ihrige.

Das Zimmer, das ganz nur dir gehört und das niemand ohne deine Erlaubnis betreten darf, ist die Werkstätte, in der du gleichsam den Geistesrahmen zimmerst, innerhalb dessen du stetig zu leben wünschest.

Wenn du anderen gegenüber nicht standzuhalten oder der zu sein vermagst, der du eigentlich bist, so kannst du dich doch, wenn du allein bist, dir gegenüber behaupten. Übe diese Kraft! Sie wird dich dahinbringen, auch vor anderen zu bestehen!

Jedes Zimmer ist mit der geistigen Substanz der Zwecke erfüllt, denen es dient. Seine Kraft zum Guten oder Schlechten wächst und wechselt stetig, das heißt, die Farbe der Geistigkeit, in der du es betrittst oder verläßt, erfüllt das Zimmer oder verläßt es. Ein sensitiver Mensch fühlt deinen mentalen Zustand gleich beim Eintreten. Wenn dieser Zustand Friede ist, wird er Friede fühlen. Wenn er unruhvoll ist, Unruhe. In einer Kirche haucht Andacht – auch wenn sie leer ist. Eine American-Bar – auch wenn, am Vormittag, niemand drinnen ist – stimmt weniger andächtig. In Zimmern, worin Mord, Raub oder Betrug lange geplant oder auch nur bedacht wurden – gleichviel, ob diese Pläne und Gedanken Tat wurden oder nicht – in solchen Zimmern liegen Mord, Raub und Betrug in der Luft. Menschen, denen Verbrechen ferne sind, werden in solchen Zimmern Unbehagen fühlen. Ein Zimmer, worin nur Geschäftliches gedacht und gesprochen wird, füllt sich mit geschäftsgeistigem Elemente. Der Kaufmann wird dort Ideen und Pläne zur Führung seiner Angelegenheiten weit schneller empfangen als in anderen Räumen. Ja, je mehr Ordnung und System in solch einem Zimmer herrschen, um so mehr werden Ordnung und System die Geschäfte dieses Kaufmannes kennzeichnen.

Die bewegliche Stiftshütte der Juden während ihres Auszuges aus Ägypten umschloß einen Raum, der als ›Allerheiligstes‹ bekannt wurde. Nur der Hohepriester durfte ihn betreten. In diesem Raume wurde die Kraft empfangen, die sich in so vielen Wundern der jüdischen Geschichte jener Zeit kundgab. Diese Kraft war das geistige Element einiger weniger, vereinigt zu einem gemeinsamen Zweck, es waren Gedanken, die innerhalb eines bestimmten Raumes gedacht oder ausgesprochen wurden.

Wenn du deine Arbeitsstätte – du magst Kaufmann, Handwerker oder Künstler sein – zugleich zum Orte schwatzhafter Unterhaltung machen läßt, der müßigen, tagediebenden Geistern zu beliebigem Verweilen offensteht – wenn diese Arbeitsstätte der Tummelplatz niederen Scherzes wird: dann wird eine schädliche Geistigkeit in sie hineingetragen und in ihr zurückgelassen und du wirst am Weiterkommen in deinem Berufe gehemmt sein. In solche Atmosphäre können sich die höheren Geister der unsichtbaren Intelligenzen bei all ihrem immer bereiten Helferwillen nicht gut begeben. Kristallene Ströme dürfen nicht durch schlammige Wasser getrübt werden.

Du sollst ein Zimmer womöglich nur einem ganz bestimmten Zwecke widmen. Tue im gleichen Zimmer immer das gleiche. Du schaffst so in ihm eine ideengebende Atmosphäre, die immer mächtiger wird.

Du wirst auch finden, daß du in einem Raume, der von störenden Geisteselementen verschont bleibt, weit tüchtiger bist als irgendwo anders. Du ertüchtigst in einem solchen Raume immer mehr!

In deinem Geschäfte (oder ›Allerheiligsten‹, sic!) wirst du fördernde Ideen am reichsten und klarsten empfangen.

Aber vergiß nie, daß nur dort, wo rechtes, gerechtes und gutwilliges Denken herrschen, die herrlichste Kraft zu jedem Berufe erzeugt wird!

Zum Beschluß

Wenn dir dieses Buch die Erkenntnis langgehegten Irrtums gebracht hat, so war nicht ich es, der brachte oder überzeugte. Ich war ja nur derjenige, der mehr oder weniger von einer Wahrheit aussagte, die dich ergreift und die Saiten der Wahrheit in dir schwingen macht. Wenn ich das Zündholz zum Gaskörper führe und ihn aufflammen lasse, so folgt daraus nicht, daß ich das Feuer oder das Gas erzeuge. Ich bin nur ein Vermittler, ein Werkzeug zur Entzündung des Gases. Kein Mensch schafft oder erfindet eine Wahrheit. Wahrheit ist so allgemein und weitverbreitet und gehört so sehr jedem einzelnen an wie die Luft, die wir atmen.

Und es ist Freude genug, ein Fackelträger der Wahrheit zu sein – ohne sich zu vermessen, die Macht ihres Schöpfers zu beanspruchen.

Prentice Mulford

Bibliographie

Die ersten 14 Essays dieses Bandes, von ›Der Gott in dir‹ bis ›Neues Denken‹ erschienen unter dem Titel ›Der Gott in dir‹ in der Übertragung durch Max Hayek 1925 in Wien.

Die Texte ›Materialist contra Spiritualist‹, ›Bann‹ sowie ›Unsere Gedächtnisse‹ entstammen dem Werk ›Die Kraft von Oben‹, das in der Übertragung von Max Hayek 1924 in Leipzig, Wien, Zürich erschien.

Die restlichen Essays finden sich in ›Die Möglichkeit des Unmöglichen‹, übertragen von Max Hayek, erschienen 1926 in Leipzig, Wien, Zürich.

Lieferbare Werke von Prentice Mulford

Alltagsphilosophie oder Wie ich mich selber glücklich mache, hrsg. v. Charles Linsmayer, Übers. v. Trude Fein, Zürich 1982

Ausgewählte Texte, hrsg. v. Hans Christian Meiser, Übers. v. Max Hayek, Bd. I München, 31988, Bd. II München 1986

Die Möglichkeit des Unmöglichen, hrsg. v. Wladimir Lindenberg, Berlin 1976

Seeleninventar oder Bleib einen Augenblick stehen und denk über dich selbst nach, hrsg. v. Charles Linsmayer, Übers. v. Trude Fein, Zürich 1981

Unfug des Lebens und des Sterbens, Übers. v. Sir Galahad, Frankfurt/M. 141989

Unserer Seele Kraft, Freiburg 31980